UNDA HÖRNER
BIRGID LORD
REGINA RUNHOF

TREFFPUNKT PARIS

UNDA HÖRNER
BIRGID LORD
REGINA RUNHOF

TREFFPUNKT PARIS

Ein Stadtführer mit
10 Plänen
und 21 Originalzeichnungen
von
Birgid Lord

Pestalozzistraße 15, 8000 München 5

Erste Auflage. 1986
Umschlag: Birgid Lord
Gesamtherstellung:
OFFSETDRUCK UTE BERNDT, 6200 Wiesbaden

Printed in Germany.

ISBN 3-925906-00-2

DIE VERWANDELNDE FEE

„Paris ist eine Arbeit, eine sehr große, eine fast aufbrauchende Arbeit, die man leistet, ohne es zu merken. Der Anspruch, den diese Stadt an einen macht, ist unermeßlich und ununterbrochen. Deshalb hilft sie einem nicht gleich und unmittelbar bei künstlerischer Betätigung, sie wirkt gleichsam nicht auf die Arbeit ein, die man tut – aber sie verwandelt, steigert und entwickelt einen fortwährend, sie nimmt einem leise die Werkzeuge aus der Hand, die man bisher benutzte, und ersetzt sie durch andere, unsäglich feinere und präzisere, und tut tausend Dinge mit einem, wie eine Fee, die Lust daran hat, ein Wesen alle Gestalten annehmen zu sehen, deren Möglichkeiten in ihm verborgen sind."

Rainer Maria Rilke, 1906

INHALTSVERZEICHNIS

PARIS UND SEINE HEILIGE

Daß Paris der Obhut einer Schutzpatronin nicht entbehrt, ist allgemein bekannt. Spätestens bei einem Besuch der unweit vom Panthéon gelegenen Kirche St. Etienne-du-Mont werden letzte Zweifel ausgeräumt: Hier befindet sich das Grab der Heiligen Genoveva (Saint Geneviève), die im Jahre 422 in Nanterre geboren wurde und an einem Januartag achtzigjährig in Paris verstarb.

Es lohnt sich, ihren Spuren ein wenig nachzugehen. Rund um das Panthéon, der früheren Montagne Ste. Geneviève, lag einst eine Klosteranlage mit der kleinen Abteikirche gleichen Namens, die heute nicht mehr zu sehen ist. Die wenigen Überreste des Klosters sind dem jetzigen Gebäude des Lycée Henri IV. miteinbezogen, einige Fragmente, wie beispielsweise Kapitelle, Friese und vor allem eine aus dem 12. Jahrhundert stammende Darstellung der Heiligen Genoveva sind im Cluny-Museum und im Louvre aufbewahrt.

Zu Beginn des 13. Jahrhunderts entstand als Ersatz für die Eglise Ste. Geneviève der erste Bau der St. Etienne-du-Mont, die uns heute in einem mehrmals veränderten Baustil begegnet.

Der Legende nach bewahrte die Heilige Genoveva bei dem Hunneneinfall im Jahre 457 Paris vor der Zerstörung, worauf der Frankenkönig Chlodwig ihr zum Dank und Gedächtnis jene eben erwähnte kleine Abteikirche übertrug. Seither untersteht die Stadt ihrem Patronat.

Doch der guten Taten nicht genug: es war widerum Genoveva, die 457 den Bau einer Abtei auf dem Grab des angeblich ersten Bischofs von Paris, dem Heiligen Dionysios, veranlaßt haben soll. Aus dieser Abtei ist dann später die Basilika von St. Denis hervorgegangen.

Daß über dem Grundstein der einstigen Kirche Genovevas im 18. Jahrhundert das Panthéon errichtet wurde, hängt mit einem Versprechen Ludwigs XV zusammen, der – sollte er von schwerer Krankheit erlöst werden – die geweihte Stätte durch einen großen Neubau ersetzen wollte. Das geschah tatsächlich. Allerdings war das Panthéon nicht sehr geeignet, als Kirche zu dienen. Während der Revolution wurde es dann zur Begräbnisstätte berühmter Franzosen bestimmt.

Birgid Lord

PARIS UMSONST

Viele Unternehmungen, die wir in diesem Buch vorschlagen, sind ohne einen Centime zu verwirklichen. Sie sollen hier in Stichworten zur schnelleren Orientierung aufgeführt sein:

- *ARCHITEKTURSPAZIERGÄNGE*
- *AUSSICHTSTERRASSEN* der großen Kaufhäuser oder im Centre Pompidou
- *BUCHHANDLUNGEN* und *BIBLIOTHEKEN* durchstöbern (auch die berühmten *BOUQUINISTEN* an den Seine-Ufern)
- *FRIEDHÖFE*
- *GALERIENBESUCHE*
- *GÄRTEN* und *PARKS* (vielfältige Blumenausstellungen in den Sommermonaten)
- *HAUTE COUTURE*-Schauen-Besucher beobachten
- *KIRCHEN*
- *PARFUMS* „erriechen" in den Galeries Lafayette
- *SCHMÖKERN* in den Buchabteilungen der Fnac
- *SPRACHEN* lernen in der Bibliothek des Centre Pompidou
- *THEATER* in der Ecole Supérieure de l'Art dramatique

AUSSERDEM

- sind viele *AUSSTELLUNGEN* in den unteren Etagen des Centre Pompidou umsonst
- veranstalten die Pariser Verkehrsbetriebe (RATP) seit neuestem in vielen Métrostationen *KONZERTE* und *AUSSTELLUNGEN*
- erhält man bei der deutschen Botschaft stapelweise *BÜCHER* und *BROSCHÜREN* zu deutsch-französischen Problemen
- gibt es in Notre-Dame sonntags um 18 Uhr hervorragende *ORGELKONZERTE* mit Gastorganisten aus aller Welt; kurze Kommentare zu den (oft modernen) Stücken werden über Lautsprecher vermittelt
- sind sonntags Besuche in den *STAATLICHEN MUSEEN* (z.B. Louvre, Musée d'Art Moderne usw.) gratis
- bieten *LUXUSHOTELS* immer bestaunenswerte Innendekoration
- findet täglich um 11 Uhr vor dem Elysées-Palast die Zeremonie der *WACHABLÖSUNG* statt

- gewähren viele *DISKOTHEKEN* Frauen wochentags freien Eintritt
- werden auf einer großen Fernsehwand im Drugstore Opéra ständig neue *VIDEOCLIPS* gezeigt (gemütliche Sitzplätze sind vorhanden)
- spielen *STRASSENMUSIKER* im Sommer in Saint-Germain-des-Prés manchmal echt guten Jazz
- haben sich Métro- und RER-Stationen (100% sicher: Les Halles) inzwischen als *„KONZERTSÄLE"* etabliert; Tag und Nacht Klassik, Rock, afrikanische Rhythmen, persische Folklore usw.

PARIS ASPEKTE

DER ANDERE MONTMARTRE

Entdeckungen auf der Butte

Paris fängt für mich auf dem Montmartre an. In einem billigen Hotel an der Place Emile Goudeau ließ mich der Zufall absteigen.
MONTMARTRE ist ein Dorf in der Stadt. Zwei Tage bin ich dort oben herumgestreunt, bis ich mich dazu entschloß, hinunterzusteigen in das Häusermeer Paris, aus dem die Oper als riesiges Schlachtschiff herausragt, gespenstisch die Hochhäuser von La Defense, im Nebel flutend Eiffelturm und die Kirchtürme von Notre-Dame und Sainte-Chapelle. An einen Zaun vor Sacré-Coeur angelehnt, lasse ich den Blick schweifen. Der vollständige Rundblick bietet sich freilich nur dem, der die Stufen nicht scheut bis unter die Kuppel der Kirche. Ich bin ganz alleine hier oben gewesen, während unten die Menschen herumwuselten. Reisebusse verkippten weit in der Tiefe zweibeinige Stecknadelköpfe, die sich alle in Richtung Place du Tertre bewegten. Alle 10 Minuten wurde ein bunter Schwall sichtbar, der offensichtlich der Funiculaire entfloß, der kleinen Zahnradbahn, die auf den Montmartre fährt und die mit jeder Art Métro-Ticket benutzbar ist.
Die wenigsten Pilger kommen noch zu Fuß. Dabei schadet es keinem, den Montmartre über eines der steilen Treppchen zu erklimmen, die rund um den Hügel nach oben führen und deren Anblick allein den Schweiß auf die Stirn treten läßt. Nach der letzten Stufe wird der Atemlose sogleich belohnt: wenn er sich umdreht, wird er baß erstaunt sein über die immer wieder neuen Ansichten der Stadt, die zwischen Jugendstilfassaden oder hinter Dächern voller Blumentopfschornsteinen zum Vorschein kommen.
Der „gemeine Tourist" läßt sich im Bus direkt bis vor die Andenkenläden auf der Place du Tertre karren, eine Tatsache , die in zunehmendem Maße die Gemüter der Montmartrois erhitzt. Auspuffgase und Vibrationen bedrohen die alten Häuser. Der Untergrund des Hügels ist äußerst porös: Kalksandstein, durch Gipsabbau im 19. Jahrhundert ausgehöhlt. Der Boden droht bei großen und permanenten Erschütterungen abzusinken, ganze Häuser könnten in Abgründe rutschen. Bislang sind „nur" Risse an einzelnen Gebäuden zu sehen!
Schon einmal galt es, sich der Kommerzialisierung zu erwehren: als auf der Place du Tertre ein Hamburgerlokal eingerichtet werden sollte! Dabei ist die „Butte" schon

reichlich belagert vom internationalen Tourismus, der die Puppen tanzen sehen will. Jane Avril, La Golue, Pierrots, denen die Träne ordnungsgemäß über die Wange perlt. Lithographien von Toulouse-Lautrec eignen sich vorzüglich als T-Shirt-Motiv, Kunst ist zu Kunstgewerbe geworden!
Studenten verfolgen mich wie Kopfjäger mit Pinsel oder gespitztem Bleistift, Leuchtschnüre werden feilgeboten. Es gilt schon genauer zu schauen, wo sich noch Originelles finden läßt.
Ich fand einen Puppenladen in der Rue Berthe, „Tuturlu," etwas abseits vom Gebrodel, wo es die verschiedensten handgemachten Harlekins gibt. Ihr Bild auf Postkarte jedenfalls ist erschwinglich! ... Ein anderer Puppenladen ist direkt in der Rue des Norvins: ein kleines Museum, denn dort stehen Edith Piaf und Divas der 20er Jahre im Scheinwerferlicht. Hocherhobenen Armes stemmen sie weiße Glaskugeln über ihre Köpfe und stellen sich als dekorative Leuchten vor. Es gibt eine große Auswahl an Batikdrucken auf Schals und Kissen, Broschen, Ohrgehänge. Nein, man muß sich wirklich nicht den Kitsch andrehen lassen; es geht auch anders!
Zumal wer wochentags früh aufsteht, kann in der Place du Tertre immer noch den alten Dorfplatz erkennen und die Künstler des Bateau-Lavoir oder die Kommunarden vor dem geistigen Auge vorbeiziehen lassen. Ich habe oft den „Hinterausgang" des Montmartre genommen, eine der Sträßchen die Nordseite des Hügels hinab, die Rue des Saules zum Beispiel. Zur Linken liegt Maison Rose, ein niedliches Restaurant, nicht mehr ganz so rosa, die Farbe ist kräftiger auf Utrillos Bildern, rechts *der* Weinberg von Paris, dem tatsächlich jedes Jahr ein saurer Tropfen abge(w)rungen wird! Daneben befindet sich „Le Musée du Vieux Montmartre." Es birgt Relikte der Bohème vergangener Zeiten, Miniaturmodelle von Gebäuden, Dokumente; es stillt den Wissensdurst in Fragen der Lokalgeschichte.
Von der Rue des Saules aus nach links geht es in eine schlechterdings noble Wohngegend. Hier haben Schauspieler vom Range Anouk Aimées und Jean Marais oder der Regisseur Claude Lelouch ihr Domizil. Viel Grünes, stille Wege, von niedrigen Mäuerchen gesäumt, auf denen sich im Sommer schon zur Sonnenanbeterin geworden bin. Erst die Rue Lepic führt wieder hinein ins lärmende Leben, kein

touristisches, ein authentisches Montmartre-Leben. Die Rue Lepic ist eine Geschäftsstraße, deren Auslagen vor allem kulinarische Gelüste erweckt. Rotierende Grillhähnchen, dicke Kuchen, Salate, die zu Stichproben mit der Gabel einladen. Ich bin oft mit Plastikbesteck und Serviette losgezogen, um mich dann, mit Proviant versorgt, auf einer abgelegenen Bank zu stärken.
In der Nummer 56 der Rue Lepic wohnte Van Gogh während des Jahres 1886. Einige Meter weiter, Rue Tourlaque, war das Atelier Toulouse-Lautrecs.
Ein Blick bergabwärts: dunkle Gassen. Das horizontale Gewerbe finde ich hier auf vertikaler Ebene, dort wo der Weg hinunterführt zum Boulevard Barbès, der eine entscheidende Grenzlinie zwischen Paris und Montmarte bildet. Bei Pigalle, Clichy und Place Blanche ist das Dorf Montmartre zuende und letzterer Platz erinnert immer wieder daran, daß „Mädchenhandel" auf französisch ‹traité des blanches› lautet. Frauen ohne Begleitung sei in der Tat abzuraten, hier in einem Tempo zu flanieren, das Müßiggang verrät. Wenn ich auf den Montmartre will, steige ich grundsätzlich erst an den Métrostationen Lamarck-Coulaincourt oder Abbesses aus. Und in den Tiefen von Abbesses lege ich jedem die Fahrstuhlbenutzung nahe, denn die endlose Wendeltreppe, die nach oben führt, riecht wie ein mehrgeschossiges Pissoir!
Der an der Tagesoberfläche befindliche Teil der Station ist ein Foto wert: das Guimard-Design ist erhalten, Platanen filtern das Licht. Im Rinnstein gluckert das Wasser, die Männer von der Straßenreinigung fegen mit ihren Reisigbesen den Dreck fort und die Tauben in die Luft. Käme jetzt eine Katze vorbei, wäre das Klischee perfekt ...

UNDA HÖRNER

ANBETER DES L'ART POUR L'ART

Beobachtungen bei den Pariser Haute-Couture-Modeschauen

Die Atmosphäre in der Halle des Hotel Intercontinental ist hektisch. Die tiefen Sessel, in denen die Gäste sonst in Ruhe ihren Tee oder einen kleinen Cocktail trinken, sind belagert von Gruppen heftig diskutierender Menschen. Einige sind mit Blocks bewaffnet, deren Blätter sie in Windeseile mit offensichtlich Lebenswichtigem füllen, andere haben große Fototaschen neben sich stehen, eine letzte Gruppe reicht Polaroids herum und schüttelt dabei die Köpfe. Die Stimmen verweben sich zum vielsprachigen Geflecht, von der Zeit zu Zeit schaut man auf die Uhr oder in Richtung der großen Tür neben der Rezeption, die von chicen jungen Frauen „bewacht" wird. Es ist 15 Uhr 30 in Paris, und die Welt der Modejournalisten und -fotografen wartet auf die Haute Couture-Modenschau von Yves St. Laurent in einer Stimmung, als gehe die Welt in den nächsten 30 Minuten zugrunde.
Couture-Kleider gibt es in keinem Laden zu kaufen, sie werden den Kundinnen genau auf den Leib geschneidert und kosten mindestens FF 30.000,–. Der Luxus in der Auswahl der Stoffe und in der Verarbeitung ist unermeßlich, Mode wird hier zur Kunst hochstilisiert.
Trotz der Wirtschaftsrezension der letzten Jahre steigen die Umsätze in der Haute Couture ständig an. Kundinnen wie Diplomatengattinnen, Filmstars, amerikanische Millionärinnen oder arabische Prinzessinnen müssen nicht sparen! Doch schnell zurück ins Interconti, wo die soeben erwähnten Damen der Gesellschaft, die selbstverständlich vor allem hier geladen sind, gerade erscheinen. In ihren langen Pelzen, unter denen die schönsten Juwelen und natürlich Yves St. Laurent-Kleider hervorblitzen, stechen sie in ihrer Eleganz von der eher bunt und avantgardistisch gekleideten Journalistengesellschaft ab. Auch schweben sie ruhig und sicher durch die Drehtür herein, begrüßen sich gegenseitig – auch die Herren kennen sich, denn wer bei St. Laurent einkauft, begegnet sich auch an anderen Orten.
Die Herrschaften halten sich nicht lange auf, durchqueren plaudernd die Halle und verschwinden in der Tür, hinter der in wenigen Minuten das Spektakel beginnen soll. Auch die Fotografen brechen langsam auf, wimmeln zwischen der Gesellschaft umher, die Sorge, noch einen guten Platz am Laufsteg zu erwischen, steht ihnen im Gesicht geschrieben.

Die wenigen noch Sitzengebliebenen wenden den Blick nach einer Gruppe von Neuankömmlingen: Catherine Deneuve wechselt vor der Show noch ein paar Worte mit Bianca Jagger und Paloma Picasso, die wie sie nur Kleider des berühmtesten der französischen Modeschöpfer tragen.
Auch diese drei Damen nehmen im Saal ihre Plätze ein; die Hotelhalle ist plötzlich leer, die schon erwähnte Tür hat sich geschlossen. Nach ein paar Minuten dringt Musik hinaus in die Stille, die Spannung hat sich gelöst und entlädt sich in Applausorgien für die gelungensten all dieser Träume aus Seide und Handstickerei.
Zweimal im Jahr, im Januar und im Juli, vibriert Paris jeweils fünf Tage lang im Modefieber der Haute Couture. Was für die Reichsten der Reichen gesellschaftliches Ereignis ist, bedeutet für Couturiers, Journalisten und Mannequins absoluten Streß. Jeder Modemacher tüftelt noch bis zur letzten Minute an seinen Kleidern und an den Accessoires, gepackt von dem Drang nach absoluter Perfektion und der Angst, „daneben" zu liegen.
Die Handvoll derjenigen Mädchen, die als die schönsten der Welt gelten (aber auch beim Begriff der Schönheit ändert sich die Mode!) läuft täglich bei drei bis vier Schauen über den Laufsteg – immer anders frisiert und geschminkt, aber mit dem gleichbleibenden Anspruch, Exzentrik und exklusiven Geschmack zu verkörpern. Die Journalisten strapazieren ihr Gedächtnis mit den hunderten von Kleidermodellen, die sie innerhalb kürzester Zeit sehen und über die sie später berichten müssen. Welche Kleider sind richtungsweisend, trendsettend? Was wird in den Zeitungen abgebildet werden? Die Entscheidung wird schnell gefällt; Assistenten holen sofort nach der Premierenschau die ausgewählten Modelle bei den Couture-Häusern ab, denn die zu veröffentlichenden Fotos müssen gemacht sein, bevor man wieder nach Mailand, Tokyo, New York oder München zurückfliegt. In der Hektik fällt für die meisten das Mittagessen aus; die Terminkalender sind bei allen zu prall gefüllt.
Ich, die Müßiggängerin, bemerke mit Erstaunen, wie wichtig Mode sein kann. Die Sucht nach immer Neuem, nach Aufsehenerregendem hält tatsächlich Menschen im wahrsten Sinne des Wortes in Atem!

Gestern, vor der Schau von Dior im Grand Hotel, hatte ich dieselbe Szenerie erlebt. Caroline von Monaco schlug sich – umgeben von Leibwächtern – durch die Menge; auf der Flucht vor allzu zudringlichen Fotografen verließ sie das Hotel sogar durch einen Hinterausgang. Kann man gesehen werden wollen, auch wenn die Blicke unerträglich geworden sind?
Als ich wieder auf die Straße trete, noch ganz beeindruckt von dem halbstündigen Spektakel, das sich genauso schnell in Luft auflöste wie es sich vorher zusammenballte, kommt mir alles wie ein Traum vor – abgehoben von allem, was um mich herum geschieht. Niemand hier draußen weiß etwas von dem, was ich gesehen habe, und doch bezeichnet es ein Stück unverwechselbarer Pariser Realität: ein Stück Sinnlosigkeit, Übermaß an Reichtum und das Lebensgefühl des „L'art pour l'art." Unvorstellbar, daß dies noch existiert!

REGINA RUNHOF

ANMERKUNG: *Mein Erlebnis kann jeder nachvollziehen, der zur Zeit der Haute Couture-Schauen in Paris weilt. Einen Terminplan der Schauen bekommt man mit etwas Glück bei der CHAMBRE SYNDICALE DE LA HAUTE COUTURE PARISIENNE, 100, Faubourg St. Honoré, wenn man überzeugend vorgibt, Modejournalist zu sein.*
Die Haute Couture-Kollektionen kann im Prinzip auch jeder nach den Premierenschauen in den Couture-Häusern selbst ansehen, der sich als Privatkunde einführt. Allerdings muß man, um glaubhaft zu wirken, wohl schon ein exklusives Outfit zur Schau tragen, um hereingelassen zu werden.

DIE SEHR EIGENWILLIGE UMSETZUNG EINER TRAUMWELT

oder

Die „Dame à la Licorne“
im
Musée de Cluny

An einem grauen Tag, als ich mal wieder Notre-Dame besuchte und die Königsgalerie über dem Eingang anschaute, fiel mir ein, daß die Köpfe auf Grund ihrer Zerstörung während der Revolution erneuert waren und daß sich die originalen Reste im Musée de Cluny befanden. Diesen Gedanken nahm ich zum Anlaß, endlich in dieses Museum zu gehen, dessen Besuch ich – obwohl nun schon mehrere Wochen in Paris – immer wieder hinausgezögert hatte. Mit den anderen Museen war ich bereits vertraut, wußte für mich wohin und wohin nicht, und eigentlich war es an der Zeit, meine Entdeckungen fortzusetzen. Noch dazu lag mir der Gedanke bereits längere Zeit im Kopf, da mir in der Zwischenzeit von vielen Seiten her die Aufforderung: „Da mußt du *unbedingt* hingehen!" wie ein Stempel eingeprägt worden war. Nur flüchtig hatte ich über das Museum in einem Führer gelesen.
Also wechselte ich in strömendem Regen über auf's linke Ufer der Seine. Ich dachte darüber nach, wie oft ich am Musée de Cluny vorbeigelaufen war, ohne rechte Lust einzutreten, obwohl mir seine besondere Wirkung inmitten der quirligen Ecke Boulevard St. Germain / Boulevard St. Michel jedesmal aufgefallen war. Mit der Zeit hatte sich sogar eine gewisse Sympathie entwickelt. Fremdartig-ruhig lag das Gebäude mit großer Selbstverständlichkeit mitten im grellen Geschäftsviertel und verbreitete trotz seiner jahrtausendealten Baumasse eine erstaunliche Präsenz.
Ich wußte, daß mir dort in der ehemaligen Wohnstätte der Äbte von Cluny und in den mittlerweile sorgfältig renovierten römischen Thermen das Mittelalter begegnen würde mit Möbeln, Elfenbeinschnitzereien, Skulpturen, Gobelins und Vitrinen mit kostbarem Inhalt, jedoch war mein Inneres zu sehr mit Malerei beschäftigt, es sträubte sich etwas dagegen. Heute nun: das Grau der Kirche, die alten Köpfe – also hinein!
Beim Eintreten umgab mich sofort der Geruch von Altem und Gediegenem, der mich – noch verstärkt durch die Politur der Holzböden – durch alle Räume des ersten Stockwerkes begleitete. Gedämpftes Licht, gelangweilte Wärter, das bei jedem Schritt knarrende Parkett, die alten Fenster und die ungewohnten Kostbarkeiten waren wohl der Grund, warum sich die meisten Besucher nur wispernd

untereinander verständigten. Es tat mir wohl, als irgendwann ein kleines Kind auf dem blanken Boden ausrutschte und losplärrte.
Auf einem Wandteppich sah ich – in liebevoller Art gewebt – wie sich ein Edelmann, sein Herz sorgsam in den Fingern haltend, einer Frau im reich schattierten Grün des Waldes näherte (in einer für das 15. Jahrhundert charakteristischen und überaus anschaulichen Darstellungsart). Neben mir lachten sich einige junge Leute beinahe halbtot, weil sie gerade diese Eigenheit nur als allzu naiv und unbeholfen empfinden konnten.
Im Weitergehen drängte sich mir immer mehr der Eindruck auf, daß diese Räume eher einer Burg zugehörten als einer ehemaligen Abtei. Die Vitrinen mit wunderschönen koptischen Stickereien hielten mich fest, dann aber verlor sich meine Konzentration. Für Liebhaber der mittelalterlichen Kunst mußte dieses Museum eine wahre Delikatesse sein, ich jedoch blieb an diesem Tag mehr oder weniger unbeteiligt, konnte mich nicht in diese Welt einfinden. Ich empfand die Atmosphäre langsam als bedrückend und wurde unruhig, da ich ja immer noch nicht die Königsköpfe entdeckt hatte.
Blind für alles mich Umgebende lief ich weiter, bis eine Treppe einladend nach unten führte und ich in dem Verbindungsgang vom „Hotel de Cluny" zu den „Thermes" stand.
Plötzlicher Szenenwechsel: statt Enge und Holz Weite und Stein, statt reich verzierter Kleinodien massive einfache Ausdruckskraft.
In der hohen Skulpturenhalle, die durch feinsinnig angebrachte Oberlichter sich nach oben hin zu öffnen schien, schauten dann die Köpfe – zwar allesamt mit abgebrochenen Nasen, dadurch jedoch nicht minder beeindrukkend – erhaben durch mich hindurch. Diese Augen mit dem zwiespältigen Blick aus Trauer und Heiterkeit grüßten nur Fernes. Erstaunt stellte ich – jetzt in unmittelbarer Nähe – fest, daß selbst die große Entfernung, die sie von dem ihnen zugedachten Platz an Notre-Dame vom Betrachter trennte, ihren Ausdruck nicht verwischen konnte.
Mich interessierte nicht mehr, was noch in den anderen Räumen zu sehen war. Ich ging die nächstbeste, wohl zum Ausgang führende Treppe hinauf, blieb dann aber auf

einem kleinen Flur stehen, denn vor mir eröffnete sich im Halbdunkel ein Ausblick in einen Saal, aus dem ein rötliches diffuses Licht schimmerte, das auf mich wie ein Magnet wirkte. Der fensterlose, nur mit einem verdeckten Oberlicht versehene runde Raum und die Dunkelheit des Regentages ließen nicht sofort die Herkunft dieser eigenartigen Farbigkeit erkennen, doch dann sah ich sechs rote Teppiche an den Wänden hängen, von denen sich immer deutlicher Figuren, Pflanzen und Tiere abhoben. Vor mir hing die berühmte, um 1484 entstandene Teppichreihe ‹La Dame à la Licorne›!
„Warum heißt Einhorn auf französisch eigentlich Licorne?," dachte ich und setzte mich erst einmal auf eine der kleinen Stufen, völlig überrascht von einer noch nie erlebten Stimmung, die mir wie zu Bild gewordene Poesie erschien. Die Ahnung stieg in mir hoch, daß ich etwas entdeckt hatte, das in seiner Einmaligkeit zu einem der nachhaltigsten Erlebnisse in Pariser Museen werden könnte.
Wäre diese gewebte Phantasie im Barock entstanden, hätte ich sie wohl als kitschig empfunden, war mein zweiter Gedanke. Dann dachte ich eine ganze Zeitlang überhaupt nichts mehr, wollte es auch nicht. Ich nahm nur auf, was mir immer näher trat. Hier hieß es, sich öffnen zu können, zu vergessen, leer wieder heranzutreten an das, was sich in überzeugender geschlossener Art von ferne in die Gegenwart träumte.
Die Erinnerungen an Abbildungen erschienen mir jetzt wie ein leerer Abklatsch, und ich erkannte, daß sich diese Teppiche einfach nicht reproduzieren ließen, ohne ihre Farbigkeit entscheidend einzubüßen. Rot, rot, in allen feinen Abstufungen, jede Fadenreihe eine Schwingung, durch die vielen hellen Blumen und Tierchen nie in Gefahr, penetrant zu werden! Das tiefe Blau der Insel, das der großen roten Fläche ihren Bildraum gibt, beschwert mit bedeutungsträchtigen, ausgewählten Bäumen und Wappen, ist Träger für die Figuren. Die Gewichte der Formen sind meisterhaft ausgewogen und unterstreichen in ihrer ruhigen Harmonie die zarte, für damalige Verhältnisse wohl überaus reiche und genaue Zeichnung der Gewänder und Gesichter. Die Gestik ist sparsam, verhalten aber direkt. Sie schafft zwischen den Figuren eine solche Beredsamkeit, daß es einen unweigerlich zur Deutung drängt. Diese Bild-

teppiche wollen nicht einfach nur zur Zierde hängen, sondern offensichtlich auch sprechen. Die Fachleute sind sich mittlerweile einig, daß fünf der Teppiche die verschiedenen Sinne des Menschen darstellen.
Tun sie das wirklich? Die Ansätze dazu sind durch die Darstellung deutlich vorhanden, doch fangen in mir die Zweifel schon allein durch die Existenz eines sechsten Teppichs an. Er soll angeblich auf den Verzicht auf irdische Güter hinweisen, während die Szene von anderer Seite dahingehend interpretiert wird, daß die Dame sich gerade mit dem Halsschmuck verschönt. ‹A mon seul désir› steht auf dem Zeltdach über ihr; gibt sie weg oder nimmt sie an? Warum schaut sie auf dem Teppich, der den Gesichtssinn verdeutlichen soll, so tieftraurig aus? Ist es Erkennen der Vergänglichkeit, oder ist der Eindruck nur durch Verziehen einiger Webfäden rein zufällig entstanden? Immer wieder komme ich auf neue Gedanken; Fragen und Antworten wechseln sich ab. (Später, im Nachhinein, fanden mit meinen Bekannten regelrechte Streitgespräche und amüsante Diskussionen darüber statt, was nun wirklich des Rätsels Lösung hätte sein können.)
Nur vom Künstler allein könnte den zahlreichen Interpretationen und Vermutungen ein Ende gesetzt werden, doch bleibt er anonym, was dem Werk sicherlich nicht zum Nachteil gereicht. Die ganze Diskussion ist damit stets aktuell. Ob die Teppiche als Hochzeitsgeschenk in Auftrag gegeben wurden oder nicht, ist ebenfalls unsicher; als einzige gesicherte Tatsache bleibt der Umstand, daß die Wappen die Spur zurückzuführen auf das Haus Le Viste, eine wohlsituierte Familie aus Lyon. Damit ist einem natürlich auch nicht weiter gedient, und bald war ich die kunstgeschichtlichen Vorkenntnisse leid.
Auf einem Wandregal lagen dutzende von Blättern aus, die dem Besucher – nur auf französisch – die versteckte Symbolik erklären wollten. Fast jeder griff danach, bevor er sich die Teppiche überhaupt richtig angesehen hatte. Die Blätter verhinderten, daß die eigene Phantasie geweckt wurde. Ich bedauerte das, denn sicherlich appellieren diese Bilder mehr an die Vorstellungskraft als an den Intellekt.
Immer noch hingerissen von der Farbigkeit versuchte ich mir vorzustellen, ob sich alles ändern würde, wenn statt

gefärbtem Webstoff Leinwand und Farbe die Bildträger wären. Gleichzeitig fand ich allmählich den eigentlichen Hintergrund der Thematik, den der Künstler für mein Empfinden diesen Teppichen mitgegeben hatte: die sehr eigenwillige Umsetzung des Unbewußten, einer Traumwelt. In einen imaginären roten Raum – sei es Märchen oder Lebensraum – ist ein Garten, einer schwankenden Insel gleich, hineinkomponiert, dessen Blau mir Unbewußtes signalisiert. Er ist einer jungen Frau als Wirklichkeit unter die Füße gestellt. Zusammen mit einer Dienerin, die als zweite menschliche Figur verkleinert und unbedeutend erscheint, tut sie Dinge, die in solcher Ernsthaftigkeit und in so seltsamer Gesellschaft in der realen Außenwelt nie geschehen könnten oder geschehen würden. Der die Zähne fletschende Löwe wird ihr – mehr als nur ein repräsentatives Wappentier – entweder zum Schützen ihrer Insel, oder zum etwas dümmlich wirkenden Beobachter. Das Einhorn – vielgedeutetes Symbol – dagegen ist ihr innigster Vertrauter. Wer anders als ein Fabeltier könnte ihr Geheimnis so verständnisvoll teilen, könnte die leise Spannung zwischen Traum und Wirklichkeit, Inhalt und Bedeutung halten?
Als ich wieder auf dem Boulevard Saint-Michel stand, schaute ich zurück auf das Museum, das mich mit einem Raum so lange hatte fesseln können und dessen Mauern mir jetzt wie ein Hort vorkamen. Von nun an ging ich häufig hierhin, ja, die Besuche wurden mir unentbehrlich als Ausgleich zu Vielem. Es gab Tage, an denen das Sonnenlicht die Teppiche ganz anders wirken ließ oder ständig änderte, was mich immer zu neuen Assoziationen und Gedanken brachte. Aber es gab auch Zeiten, in denen ich – zu unbeweglich – sie nicht ertragen konnte.
Auf dem Heimweg passierte ich wieder Notre-Dame und mußte den Köpfen insgeheim zulächeln, waren sie mir doch Hinweis auf einen Ort gewesen, an dem mir zum ersten Mal die Farbe Rot als Raum für eine Dichtung begegnete, deren Sprache und Ausdruck mir etwas vermitteln konnten, was ich bisher in Paris vermißt hatte.

BIRGID LORD

WECHSELSPIEL

Impressionen

zu

La Sainte Chapelle

Ich lief an den Mauern des Palais de Justice entlang, in den Augen noch die lückenlose Uferfassade der Ile-de-la-Cité, die ich gerade über die Pont-au-Change betreten hatte, und dachte darüber nach, wie sehr die Farben Grau und Ocker diese Stadt prägten. Ich freute mich über diesen sonnigen eisigkalten Januartag, der den seltenen Schnee überall noch festhielt und der Seine einen eigentümlichen, raren Grünton verlieh. Die Ufer waren frei vom flirrenden Buntzeug des Sommers, nur vereinzelt und leise ein paar unermüdliche Bateaux-Mouches, kahle Bäume, leere Bänke, die Cafés ohne Vorfeld. In dieser Zeit zeigte Paris sich mir „reduziert" und die Architektur lag offen da, klar und ruhig. Ich fand unter diesem Himmel und in seinem Licht meine Überzeugung bestätigt, daß Paris seine ehrlichste Schönheit in den Wintermonaten offenbart.
So in Gedanken war ich beinahe an der Pont St. Michel angelangt, als mir plötzlich bewußt wurde, daß ich an meinem eigentlichen Ziel schon vorbeigelaufen war. Hatten da nicht eben die goldenen Spitzen des schwarzen Gitters geblinkt, dessen Tor in einen der Innenhöfe des Palastes führen? Hier, in diesem Teil des noch vor dem Louvre erbauten Gebäudes mußte doch die kleine Schloßkapelle liegen, von der ich nur wußte, daß sie Louis IX. im 13. Jahrhundert erbauen ließ als geweihten Aufbewahrungsort für Reliquien (Dornenkrone und Kreuz).
Also wieder zurück, vorbei an einigen uniformierten Männern, die mir gutgelaunt die Richtigkeit meines Weges bestätigten. Sie fungierten wohl als Wächter vor dem Justizgebäude, auf dessen Eingangspforte groß die Worte ‹Egalité, Fraternité, Liberté› prangten.
Im Innenhof stand ich dann vor der Sainte Chapelle, die inmitten der Palais-Mauern auf engstem Raum errichtet worden war. Der Ort wirkte in seiner plötzlichen Abgeschiedenheit wie ein geheimes Versteck: Privatbesitz, Betreten Unbefugter verboten! Dazu meine Überraschung, hier keine Warteschlangen von Besuchern zu finden, was wohl der Jahreszeit zu verdanken war.
Ich lief um die Kapelle herum, um mir einen ersten äußeren Eindruck zu verschaffen. Auffällig sofort die zweistöckige Bauweise und die wunderschönen Wasserspeier, die in ihrer Dynamik und Ausdruckskraft mit dem zarten und verspielten Turm eine eigenwillige Zwiesprache hielten. Ganz

anders als Notre-Dame oder St. Severin, jene beiden Kirchen, die ich längst in mein Herz geschlossen hatte und bei jeder neuen Kirchenentdeckung unweigerlich zum Maßstab nahm. Hier schien sich schon jetzt ein dritter Favorit hinzuzuschieben!

Sainte Chapelle ist hochgotisch in einer so intensiven und einfallsreichen Durchbildung, wie sie nur die französische Gotik bietet. Natürlich gibt es wieder die sandfarbenen Steine, die mir hier wie kostbare Schmuckstücke aufeinander getürmt erschienen. 'Die Einfachheit auf die Spitze getrieben': dieser Gedanke fiel mir ein, und ich begriff, warum mir diese Kapelle so elegant erschien.

Das erste Stockwerk wirkt wie ein Sockel, ganz darauf ausgebildet, etwas zu tragen, was in den Proportionen höher und immer höher reichen will. Der enge Standort scheint sich nach oben zu öffnen und gibt dem ganzen Bauwerk etwas Leichtes und Weites. Eine einzige graue Glasfläche, kaum mit Steinwerk beschwert, bestimmt dann auch sinnigerweise das zweite Stockwerk, doch lassen die dichten filigranen, in bewundernswerter Kleinstarbeit hergestellten Bleieinfassungen ganz eindeutig darauf schließen, daß man es von hier draußen nur mit einer „Rück-Seite" zu tun hat.

Meine Neugierde wuchs, denn wenn mir schon von außen eine solch liebevolle Gliederung begegnete, wie mußte dann erst das Gegenüber im Innern sein?

Ich ging durch den niedrigen Eingang, zahlte Eintritt – und spürte verstärkte Kälte, die den ganzen Körper durchzog. Es fiel mir schwer zu glauben, daß die Bediensteten des Schlosses sich früher während der Messen hier wohlgefühlt haben könnten, während der Adel ein Stockwerk höher zur Andacht ging.

Fensterlos, niedrig, aber in schöner Einfachheit gehalten ist dieser dreischiffige Raum – einer Märchenhöhle gleich. Er wird durch das spärliche, von den vergoldeten Wänden reflektierte Licht in eine eigenartige mystische Atmosphäre getaucht. Überall umgab mich die Farbe Blau, und ich vergaß langsam die Nähe von Paris.

Zwei kleine Säulenreihen waren jetzt ganz klar als Träger für den Oberbau zu erkennen. Je länger ich hier unten stand, desto mehr spürte ich die Last des zweiten Stockwerks bis ich den Druck nicht mehr aushielt.

Eine Wendeltreppe führte mich nach oben, und als ich eintrat, blieb ich wie geblendet stehen. Die Sonne voll in den farbigen Scheiben, hielt der Raum mich für Minuten gefangen in schimmerndem Licht. Alles löste sich auf, wurde durchlässig – ein erhebendes Gefühl.
Erst in der Mitte der Kapelle konnte ich wieder klar sehen und erkannte jetzt die beeindruckende Intelligenz und Meisterschaft des Erbauers, dessen Name wohl unter Pierre de Montreuil bekannt ist. Ein Reichtum sinnvoller Wiederholung und Abwandlung von Spitzbögen, Säulen, Ornamenten; Wiederaufnahme des Großen im Kleinen. Ein einfaches Schiff mit nur angedeuteter, durch eine Kanzel verzierte Apsis läßt die Kapelle wie in den Himmel auf Erden wirken. Allem haftet etwas Unterirdisches, Respektverlangendes an. Jeder Zentimeter ist vollendet, und was von draußen schlicht und begrenzt gehalten ist, ist hier kostbare Pracht und Auflösung der Materie geworden.
Der Reichtum und die unglaubliche Arbeit, die hinter allem steckt, war kaum zu ertragen; ich wußte nicht mehr, ob ich es hinreißend schön oder übertrieben prachtvoll fand. Wollte der König den geheiligten Ort gebührend ausstatten oder nur seine eigene Macht demonstrieren, oder wollte er beides?
Mit den Augen an den Glasfenstern hängend, ärgerte ich mich, vorher nicht über sie nachgelesen zu haben, da ich die vielen biblischen Gestalten und Geschichten nur teilweise erkannte; meinen Feldstecher hatte ich auch vergessen! Ich überließ mich dem Farbenspiel, das sich mit der Zeit änderte und immer wieder neue Stimmungen hervorzauberte. Die Kirche wirkte heiter und hell, flirrend und hoch, so als ob der Auftraggeber sich seine Hauskapelle, die durch einen Gang direkt mit den Privatgemächern verbunden war, zu seinem Vergnügen errichtet hätte. Wie anders wirkt das ferne dunkle Blau in der Rosette von Notre Dame, wie anders die ganz ins Jenseits gerichteten Fenster von Chartres und Saint Denis.
Ich weiß nicht, wie lange ich mich in der Kapelle aufhielt. Ich stellte fest, daß mich nicht mehr fror. Mehrmals benutzte ich die Wendeltreppe, um mich dem Wechselspiel der beiden Stockwerke auszusetzen, betrachtete eingehend die reich verzierten, orientalisch wirkenden Wände und erhielt immer neue Anregungen. Mit der Zeit

kamen auch einige Besucher herein, deren Gesichtsausdruck beim Eintreten in die Glaskapelle zu beobachten mir ein Vergnügen war. Irgendwann erlosch der Zauber mit dem Standort der Sonne, alles wurde indirekt und in mir schlich sich eine Distanz zu dem Raum ein, die mich zum Ausgang zurückführte.

Erst Monate später besuchte ich La Chapelle wieder. Im Rahmen des ‹Festival d'été› fand dort ein Konzert statt. Die Vier Jahreszeiten von Vivaldi zogen Schlangen von Besuchern an, es gelang mir nur durch zweistündiges Anstehen eine Karte zu erlangen, Stimmengewirr durchzog den friedlichen Innenhof, die Luft war schwül. Wie anders kam mir jetzt der bis auf den letzten Meter besetzte Kapellenraum vor: die Fenster waren dunkel, die Pracht zog sich zurück und nur die Musik konnte mich zurückführen zu jenem leuchtenden Wintertag.

BIRGID LORD

SWING
UND NOCH MEHR

Quartier Latin
und
Caveau de la Huchette
bei Nacht

Der Platz vor der Fontaine St. Michel ist bevölkert. Wie immer, wenn die Temperatur es einigermaßen zuläßt, sitzen Gruppen junger Leute auf dem Brunnenrand oder auf dem Boden: einige spielen Musik, die einen Breakdancer inspiriert, andere reden bei Wein oder Bier. Vereinzelte Männer und Frauen stehen ungeduldig um sich blickend überall herum; sie treten von einem Fuß auf den anderen, rauchen schließlich eine Zigarette, schauen zum x-ten Male auf die Uhr ... lächeln plötzlich, geben ihren Schritten eine Richtung, klopfen jemandem auf die Schulter oder verteilen ‹bisoux› (Begrüßungsküßchen, die in Frankreich alle Mädchen auf die Wange bekommen) – und verschwinden dann mit ihrer Begleitung in eine der vielen kleinen umliegenden Sträßchen oder in eines der überfüllten Cafés.
Es wird Abend in Paris; das Quartier Latin, tagsüber eines der quirligsten Einkaufsviertel der Stadt, füllt sich mit Müßiggängern und hungrigen Touristen, mit Schürzenjägern, Portraitzeichnern, Clochards und Haschischverkäufern.
Wir sind zu fünft heute abend: das schwierige Unterfangen, in dieser Stadt, in der die Menschen ungewollt auseinanderzutreiben scheinen, eine Gruppe von Freunden zu einer Unternehmung zu vereinen, ist gelungen. Auch wir treffen uns an der Fontaine St. Michel, jeder noch mit einem Anliegen im Kopf, das erledigt werden muß, bevor das Vergnügen losgehen kann. Wir gehen an einer Bank vorbei, um uns mit Geld aus dem Automaten zu versorgen. (deutsche Euroscheckkarten funktionieren in Frankreich nicht!) und schlagen zunächst den Weg in die Rue St. André-des-Arts ein, wo man noch Zigarretten, tunesische Kuchen, Postkarten und Bücher bis spät in die Nacht hinein kaufen kann.
Versorgt mit allem Notwendigen, entschließen wir uns, ein Abendessen in einem der Restaurants aus Rücksicht auf das Portemonnaie ausfallen zu lassen; tatsächlich widerstehen wir den mannigfaltigen Gerüchen griechischer Tavernen und italienischer Pizzerien und entkommen sogar den teilweise sehr aufdringlichen „Gästewerbern," die von den Restauranttüren aus auf uns einreden.
Wir überqueren den Boulevard St. Michel und tauchen ein in das Gewirr der Rue St. Severin/Rue de la Harpe. An der Ecke vor der Buchhandlung Gibert Jeune spielt eine

Amateurrockband erstaunlich gut; die Zuhörer im ständig dichter werdenden Kreis schlagen mit den Füßen den Takt, entspannen sich, werfen eventuelle Pläne über den Haufen und hören weiter zu. Ein Asiat versucht die Leute für seine Scherenschnitte zu interessieren, eine junge Frau bietet silberne Schmuckstücke an. Wir lassen uns treiben wie alle hier; an einem Straßenverkauf erstehen wir schließlich doch eine Pita mit Gyros, bevor wir in die Rue de la Huchette einbiegen, um zu unserem eigentlichen Ziel dieses Abends zu gelangen: dem Caveau de la Huchette.
Vor der Tür warten schon einige andere Eintrittswillige; man öffnet uns nach wenigen Sekunden, läßt uns ein, nimmt uns Eintrittsgeld und Mäntel ab – und entläßt uns in die Tiefen dieses Steingemäuers.
Musik tönt uns entgegen, als wir die Treppe hinuntersteigen. Es ist noch früh – gerade erst 10 Uhr – und das Jazzquintett auf der kleinen „Bühne" hat gerade eben erst begonnen, sich und die Gäste „einzuswingen." Wer in den Caveau de la Huchette kommt, wird musikalisch in die 50er Jahre zurückversetzt!
Noch sind nicht viele Leute da, aber die wenigen Sitzplätze um die Tanzfläche herum sind schon besetzt. Wir bleiben irgendwo stehen, um wie alle anderen einem älteren Tanzpaar zuzusehen, das sicher zu den Stammgästen des Clubs gehört. Es wirbelt pausenlos in so perfekten Foxtrottschritten übers Parkett, das es die ganze Tanzfläche für sich behält und gelegentlich den Applaus der Zuschauer erregt. Erst als die beiden schließlich erschöpft nach Hause gehen, werden auch die anderen Gäste zu Tänzern.
Der Keller hat sich inzwischen so gefüllt, daß man nur noch dichtgedrängt stehen kann; unweigerlich kommt man ins Gespräch mit einem „Nachbarn," die Freundesgruppe löst sich auf, man verliert sich aus den Augen, um sich erst später wiederzutreffen.
Man trifft sehr viele Amerikaner hier, die wohl aus Sehnsucht nach „ihrer" Musik kommen; wird zwischendrin einmal ein Rock'n Roll gespielt, sind sie ganz aus dem Häuschen. Die anderen, meist auch Touristen oder einheimische „Touristinnenjäger" versuchen sich trotz Lärm und trotz Sprachproblemen näherzukommen; wenn sonst die Menschen in Paris stumm aneinander vorbeigehen, so herrscht im Caveau fast ein Überangebot an Gesprächs- und Kon-

taktwilligkeit. Als Frau wird man unweigerlich angesprochen, je nach Gelegenheit hört man dann unglaubliche Geschichten aus dem Leben eines Machos – oder findet sich nach einer Weile in ein interessantes Gespräch verwikkelt. Wird die Diskussion zu tiefgründig , um im Stehen und inmitten des Gedränges weitergeführt zu werden, bietet das Obergeschoß des Clubs, das wie eine Kneipe eingerichtet ist, vielleicht ein ruhiges Eckchen an einem der Tische – wenn es nicht auch hier wieder viel zu voll ist ...
Als wir uns nach rasch vergangenen Stunden wiederfinden und den Keller verlassen, sind die vorher so belebten Sträßchen fast leer und die meisten der Lokale geschlossen. Wir gehen ein Stück am Quai St. Michel entlang, drehen uns um nach der erleuchteten Kirche Notre-Dame und genießen die frische Luft. Wir erzählen uns gegenseitig die unterschiedlichen Erlebnisse dieses Abends – und zerstreuen uns bald darauf wieder in alle Winde!

REGINA RUNHOF

CAVEAU DE LA HUCHETTE

5, rue de la Huchette		Tel. 43 26 65 05
geöffnet:	täglich	von 21.30 bis 2.30 Uhr
	Freitag	von 21.30 bis 3.00 Uhr
	Samstag und vor Feiertagen	von 21.30 bis 4.00 Uhr

Eintritt:	wochentags	FF 40,–	(Studentinnen FF 35,–)
	Samstag	FF 50,–	

Ständig wechselnde Live-Bands.

(Programm siehe Pariscope)

PARIS
ERKUNDUNGEN

DIE SÜMPFE

oder

Von morgens bis abends im Marais

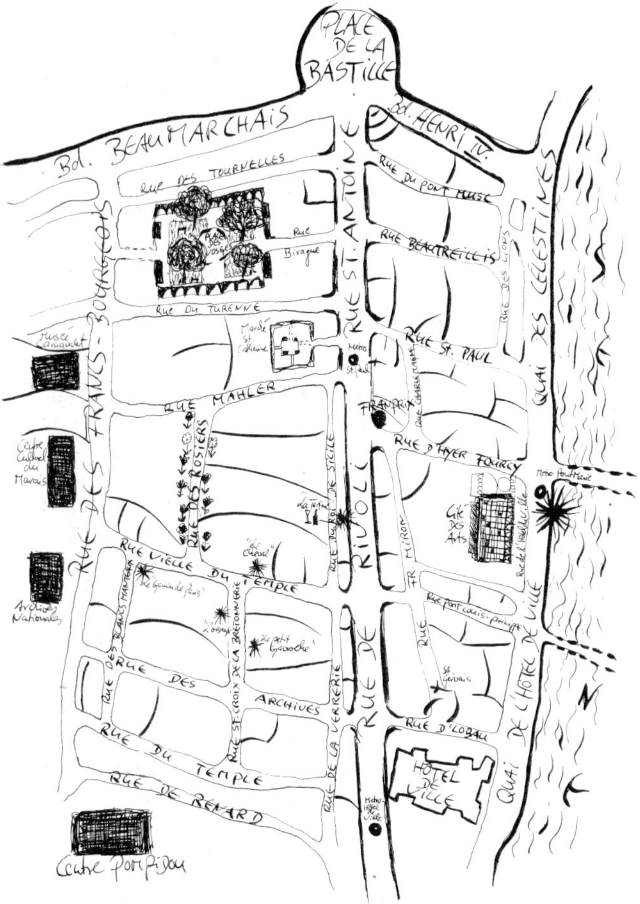
PLACE DE LA BASTILLE
Bd. BEAUMARCHAIS
Bd. HENRI IV.
RUE DES TOURNELLES
RUE DU PONT LOUIS PHILIPPE
RUE BEAUTREILLIS
Rue Birague
Place des Vosges
RUE DU TURENNE
RUE ST. ANTOINE
RUE DES LIONS
QUAI DES CELESTINS
RUE ST. PAUL
Marché St. Catherine
Metro St. Paul
Musée Carnavalet
RUE MAHLER
FRANPRIX
RUE DES FRANCS-BOURGEOIS
Centre Culturel du Marais
RUE DES ROSIERS
RUE D'HYER FOURCY
Metro Pont Marie
Cité des Arts
RUE DU ROI DE SICILE
RUE DE RIVOLI
RUE VIELLE DU TEMPLE
Archives Nationales
RUE DES BLANCS MANTEAUX
RUE ST. CROIX DE LA BRETONNERIE
RUE FR. MIRON
RUE DES ARCHIVES
RUE DE LA VERRERIE
St. Gervais
RUE D'LOBAU
QUAI DE L'HOTEL DE VILLE
RUE DU TEMPLE
RUE DE RENARD
HOTEL DE VILLE
Metro Hotel de Ville
Centre Pompidou
N

Paris zählt zu den Städten, in denen man zu Fuß gehen muß, in denen man (wieder) lernt, was einem Augen-Blicke geben können. Dabei genüßlich festgestellt, daß die Schritte sich dem Stadt-eigenen Rhythmus wie von selbst anpassen und man selbst zum Motor seiner Abenteuerlust wird, der, durch ständigen Wechsel der Sinneseindrücke bestimmt, man ohnehin nur individuell und unmittelbar nachgehen kann.
So hat nur der die Chance und die Freude, auf du und du mit einem Pariser Viertel zu stehen, der lange Fußmärsche nicht scheut, auf wohlbekannte Magnetpunkte verzichten und mit offenem Auge sich einfach treiben lassen kann. Der Gedanke, sich womöglich zu verlaufen oder zum x-ten Male an derselben Stelle vorbeizugehen, kann ohne weiteres vom Alptraum zur Bereicherung werden.
So nehme man die Métro (oder auch nicht) und steige an der Station ‹Pont-Marie› aus. Im Rücken die Seine und die Ile St. Louis, steht man in der Rue-d'Hôtel-de-Ville (Ecke Rue d'Hyer-Fourcy). Der Blick erfaßt sofort Gegensätze: ein großzügig gebautes altes Schulgebäude, einem Schloß gleich, eine Spielplatzanlage und links daneben ein mehrstöckiger unschöner Betonbau: die Cité Internationale des Arts; ein in den sechziger Jahren privat gegründeter und öffentlich subventionierter Zweckbau, der in seinen 200 Studios Künstlerstipendiaten aus fast allen Ländern dieser Welt beherbergt. (Bis auf Literatur und Schauspiel sind alle Sparten vertreten.)
Bleibt man kurz unter diesem Bau stehen, so hört man einige musikalische Kostproben durch die Wände klingen. In Anbetracht aller grauen Nüchternheit ist es kaum zu glauben, daß dies ein Ort der Musen ist. Daß deren Einfluß dann aber doch hier Früchte trägt, wird alle drei Wochen (außer Juli/August) im Erdgeschoß in Ausstellungen und Konzerten bewiesen. Diese sind öffentlich und bieten nahezu die einzige Möglichkeit, mit den Künstlern ins Gespräch zu kommen, da die Cité leider bewacht wird wie ein Hotel.
Das Niveau des Dargebotenen ist so unterschiedlich und interessant wie die Nationenvielfalt der hier Arbeitenden. Man beachte an den Fenstern befestigte Ankündigungsplakate oder informiere sich bei der Rezeption. Klingelknopf drücken – und wie so oft in Paris – springt das Tor

nach einem Summton und auf einen leichten Händedruck hin wie von selbst auf.
Ein kurzes Stück weiter die Rue-d'Hyer-Fourcy hinunter, gelangt man auf die breite Rue de Rivoli, die sich hier in die Rue St. Antoine verlängert. Wie ein Reißverschluß trennt sie das alte vom neuen Marais. An dieser lebhaften Ecke befindet sich übrigens der Leib- und Mageneinkaufstreff vieler sparender Cité-Gäste, der FRANPRIX, neben Felix Potin einer der bekanntesten Supermärkte, dessen Angebot und Ausstattung Spiegel des jeweiligen Viertels ist. Hier nun ist er in seiner Schäbigkeit schon wieder schön; besonders kurz vor Ladenschluß einzutreten ist zu empfehlen! Auf den warmen Entlüftungsschächten draußen machen es sich die Penner nicht nur zur Winterszeit bequem, während nebenan im flippigen Coiffeurladen die neuesten Frisuren gestylt werden.
Es folgt eine wegen ihrer hervorragenden Baguettes bekannte Patisserie-Boulangerie, Auftakt zur Rue St. Antoine, die außer montags und zur Mittagszeit erfüllt ist vom quirligen Leben einer echten Pariser Markt- und Einkaufsstraße: Gemüse- und Obstläden, Metzgereien, Käseläden, Boutiquen, Kaffeeröstereien, Geflügel, Wild, Meerestiere; es gibt hier einfach alles.
Man geht die Rue St. Antoine schlendernd entlang bis zur Place de la Bastille, der man alsbald den Rücken zukehre, um sich im Zick-Zack durch die vielen kleinen Gassen linker Hand zurückführen zu lassen, die alle mit der Rue Beautreilles und der Rue St. Paul verstrickt sind. Viele kleine Antiquitätenläden und Werkstätten gehören neben Wohnhäusern zum typischen Bild des „Village St. Paul," einem Sanierungsprojekt des Marais. Die Stadt versucht, den vielen baufälligen und heruntergekommenen Häusern ihre Ursprünglichkeit zu erhalten, zum Teil mit aufwendigen Fachwerkreparaturen, wobei jetzt schon ein gewisser Bühnencharakter nicht zu übersehen ist. Während äußerlich gepflegt wird, stirbt der Inhalt langsam ab, und zurück bleibt leider oft nur noch Fassade. Bei den hochgezogenen Mietpreisen werden hier sicherlich keine kleinen bescheidenen Handwerksbetriebe mehr entstehen. Aber so lange man noch in die berühmte Hundescheiße tritt, ist ja nichts verloren!
Von hinten erreicht man wieder den Franprix, und es wird

Zeit, sich in einem Café zu stärken. Falls einem nach kühlem feinem Loire-Wein samt deftigem Butter-Schinkenbrot zu Mute ist, dann überquere man die Rue de Rivoli bis zum ‹La Tartine›, einem gemütlichen alten Café-Bistro mit einer wirklich bemerkenwerten Auswahl an guten Weinen, das hin und wieder Treffpunkt illustrer Gäste ist. Es ist übrigens für nächtliche Marais-Besuche (im Sommer sehr zu empfehlen) ein idealer Ausgangspunkt, da es bis 22 Uhr offen hat, und man von hier aus gut weiterziehen kann.
Nun wartet der linke Teil des Viertels auf unseren Besuch. Zurück geht's durch die enge Rue-du-Roi-de-Sicile. Noch ein kurzes Stück Rue St. Antoine, und ein kleiner Wegweiser zeigt nach links zum ‹Marché St. Cathérine›. Nur wenige Meter von der lauten grellen Hauptstraße entfernt, begegnet einem hier still und friedlich die Atmosphäre eines Dorfplatzes. Wer Lust dazu hat, der setze sich auf eine der Bänke und lasse die Augen schweifen.
Über die Rue du Turenne geht es weiter nach rechts, wiederholtes Bild der Rue St. Antoine, und links hinein in die Rue Birague, die geradewegs auf die ‹Place des Vosges› führt. Heinrich IV. ließ sie in den Jahren 1605 bis 1612 zum Flanieren errichten. Ringsum mit palastartigen adligen Häusern bestückt, erinnert sie in ihrer Art sehr an Italien. Der Blick bekommt hier plötzlich Weite, man hat Lust zu Verweilen unter den großen schattigen Bäumen, die Arkaden locken mit ihren Cafés, und nicht zuletzt ist das Haus Nr. 6, das Musée Victor Hugo, zu besichtigen.
Dieser Platz, zu jeder Jahreszeit überaus reizvoll, gehört zu den schönsten in Paris. Zwischen Mitte Juni und Mitte Juli finden hier innerhalb des ‹Festival du Marais› Veranstaltungen wie Theaterabende und Konzerte im Freien statt, die einen Besuch lohnen.
Der Weg führt die Rue des Francs-Bourgeois entlang, vorbei am Centre Culturel du Marais und am Musée Carnavalet (das Museum für Pariser Stadtgeschichte). Dann geht man links in die Rue Malher, wo sich ein Szenenwechsel vollzieht und sozusagen die Hauptschlagader des Marais beginnt: die Rue des Rosiers, noch immer Zentrum der jüdischen Händler und Kaufleute.
Heute mischen sich besonders zur Sommerzeit viele Touristen unter die kaftanbekleideten und durch die unter dem Hut hervorlugende Haarlocke auffallenden Männer,

deren Gesicht stets verschlossen bleibt. Die Straße wirkt dunkel, hoch ragen die zum Teil bemerkenswert schönen Häuserfronten hinauf, alles ist dicht und eng – doch machen die vielen Kaufläden in ihrer Sonderbarkeit dies zu einem Gegensatz, der das Auge nährt: Buchläden, (koschere) Metzgereien, Schmuck, dazwischen eine Synagoge im Jugendstil, schreiende Kinder, Autos, Druckereien, Restaurants, Bettler und einige Delikatessengeschäfte, deren Ruf sich in ganz Paris ausgebreitet hat. Ob frühmorgens, wenn das Wasser aus den Gullis plätschert oder nachts, wenn Laternen spärlich leuchten; ob touristendurchsetzt oder einsam leer am Samstag, wenn wegen des Sabbats alle Läden geschlossen sind: hier gibt es immer etwas zu sehen.
Die Rue des Rosiers mündet in die Rue Vielle du Temple, die wiederum wie ein unsichtbares Band das Judenviertel von einem Kneipenviertel trennt, das eines der schönsten in Paris ist. Doch bevor man sich diesem zuwendet, kreuze man die Rue de Rivoli ein drittes Mal, um noch einmal einen bereits so gut wie fertig renovierten Teil des Marais zu entdecken, der zwischen der Rue Pont-Louis-Philippe und dem Hôtel-de-Ville liegt, dessen Nähe hier schon das Straßen- und Menschenbild zu beeinflussen scheint.
An der Kirche St. Gervais vorbei geht's wieder ins alte Marais zurück, am besten durch die Rue Vielle-du-Temple, um sich zum Beispiel im Restaurant ‹Le gamin de Paris› zu einem gemütlichen Abendessen niederzulassen. Wer's zwei Klassen besser haben will, geht ins unweit gelegene ‹Les Philosophes›.
Gegen 22.30 Uhr spürt man draußen in den Gassen, daß jetzt die Zeit der Kneipenbummel begonnen hat – man hat die Qual der Wahl. Eine Unzahl verschiedenartiger Räume, die nicht mehr klar in Café, Bistro oder Restaurant einzuklassifizieren sind, eröffnen sich dem Blick beim Gang durch die Seiten- und Querverbindungen der Rue Vielle-du-Temple und der Rue des Archives.
Wählen wir die Lokale aus, die ich selbst kennen- und liebengelernt habe; der große Rest sei zum eigenen Entdekken bestimmt.
Vom ‹Gamin› geht's zurück, bis man auf der Rue Vielle-du-Temple eine nur mit Glastüren geschlossene (und im Sommer ganz geöffnete) Kneipe sieht, die unter Kennern kurz

‹Cheval› genannt wird. Dort beginnt man mit dem Rundgang durch das nächtliche Marais, denn von den Gästen wird man im Laufe des Abends den einen oder anderen wiedertreffen, und es bieten sich dabei die besten Voraussetzungen, miteinander ins Gespräch zu kommen. Es folgt das ‹Aux Rendez-vous des Amis›, ein relativ großes Lokal für alle Marais-Liebhaber, die billigst essen wollen und trotzdem mehr als das suchen. Kurz vor Mitternacht wird es in der engen Rue Sainte-Croix-de-la-Bretonnerie interessant. Man entdeckt die kleine Kneipe ‹L'oiseau bariolé›, in der man außer Frühstück und preiswertem Mittagessen ein anderes Mal am Abend einen kleinen, stärkenden Imbiß zu sich nehmen kann; sie schließt jedoch schon gegen 20 Uhr. Nur ein paar Schritte entfernt blinken einladend bunte Lämpchen am ‹Petit Gavroche›, immer noch *der* Marais-Treffpunkt für Viele in der Rue Sainte Croix-de-la-Bretonnerie. Hier dreht man aus Mißfallen entweder sofort wieder um, oder bleibt und kommt wieder. Sofern überhaupt noch Platz ist, drängt man sich an die Theke und läßt das Gewirr unterschiedlicher Menschen erst einmal auf sich wirken. Es vergeht nicht viel Zeit und man ist in belanglose Gespräche verwickelt, die aber mit einer Ernsthaftigkeit betrieben werden, daß man keinen Abstand davon nehmen kann. Viele Maler, Musiker und Schriftsteller, ernste und solche, die es werden wollen, Leute aus dem Viertel, Studenten, Aufsteiger, die Stammgäste und Touristen! Eng und verqualmt die Luft, eine kleine Speisekarte, mäßiger Wein, schlechtes Bier – aber Leben, wie es in solcher Konstellation in kaum einer anderen Marais-Kneipe zu sehen ist. Gegen ein Uhr leert es sich oder wird wieder voll, die heißersehnten Sitzplätze tauchen plötzlich im Dunst des hinteres Raumes auf, man bestellt aufs Neue, redet, schreit, lacht oder schweigt, bis gegen zwei Uhr morgens unmißverständlich die Stühle auf die Tische gestellt werden.
Für Nimmermüde ist es jetzt ein Leichtes, die noch geöffneten Kneipen im Marais zu finden – bis man sich in ein paar Stunden vielleicht beim ersten Kaffee im ‹Gavroche› wiedertrifft.

BIRGID LORD

INSELLEBEN

Ein Spaziergang auf der
Ile St. Louis

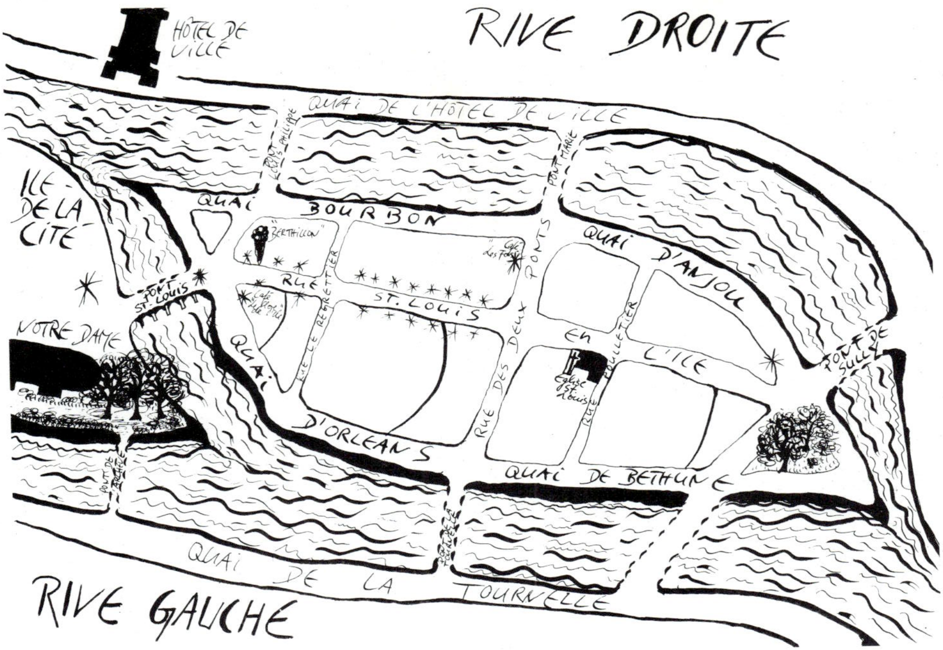
RIVE DROITE
HÔTEL DE VILLE
QUAI DE L'HÔTEL DE VILLE
PONT LOUIS PHILIPPE
PONT MARIE
ILE DE LA CITÉ
QUAI BOURBON
"BERTHILLON"
RUE LE REGRETTIER
RUE ST. LOUIS EN L'ILE
PONTS
QUAI D'ANJOU
RUE POULLETIER
PONT DE SULLY
PONT ST. LOUIS
NOTRE DAME
QUAI D'ORLEANS
RUE DES DEUX PONTS
Eglise St. Louis
QUAI DE BETHUNE
PONT DE L'ARCHEVÊCHÉ
PONT DE LA TOURNELLE
QUAI DE LA TOURNELLE
RIVE GAUCHE

Die Ile-St. Louis, kleine Schwester der Ile de la Cité, mitten in der Seine und im Herzen von Paris gelegen, ist ein abgeschlossener Mikrokosmos, bei dessen Betreten über eine der zahlreichen Brücken man sich tatsächlich in eine völlig eigene Spielart des Lebens versetzt fühlt. Die Welt der Insel, die sich äußerlich durch die „Hauptstraße" Rue St.-Louis-en-l'Ile, durch eine Handvoll kleiner Nebensträßchen und ein um die Insel gelegtes Band von Quais begrenzen läßt, ist erstaunlich groß. Das Leben weitet hier die Straßen, so als atmeten sie; Geschichte und Gegenwart mischen sich und geben den Häusern vieldimensionale Bedeutungen.

Die Ile-St. Louis ist zusammen mit dem Marais und der Gegend von St. Germain eines der wichtigsten geschlossenen Viertel mit bedeutender Architektur gewesen. War von den drei Seine-Inseln ursprünglich nur die Ile de la Cité bebaut, so bekam ein gewisser Monsieur Marie zusammen mit seinen Mitarbeitern Poulletier und Le Regrattier 1627 den Auftrag, auch die Ile St. Louis mit Brücken zum Festland zu verbinden. Der Plan wurde drei Jahre später ausgeführt, und bald darauf wurde das Inselchen zum beliebten Bauplatz der Reichen. Die große Längsstraße Rue St. Louis-en-l'Ile gab es damals schon genau wie die von ihr abgehenden Seitenstraßen. Am begehrtesten jedoch waren die Bauplätze an den Ufern, und viele berühmte Familien ließen sich hier derartige Paläste errichten, daß die Insel bald den Ruf eines äußerst eleganten Viertels bekam. Viele Künstler fühlten sich damals vom Charme der Insel angezogen, hatten in einem der Häuser ein Zimmer oder waren Gäste bei der Pariser Oberschicht.
Im Zuge weiterer Brückenbauten und der Verbreiterung der Straßen sind viele der schönsten Häuser zerstört worden. Auch die Bewohner haben gewechselt – heute mieten oder kaufen sich vornehmlich reiche Amerikaner hier ein, gelegentlich auch Berühmtheiten aus dem französischen Kulturleben; die Insel ist also teuer geblieben, ist „in" und hat trotzdem viele originelle Seiten, die immer dort zu finden sind, wo diese Zugereisten nicht Einfluß genommen haben. Trotz der Weltläufigkeit und trotz der Touristen ist eine gewisse Intimität erhalten geblieben, die die Bewohner genießen. Man macht überallhin nur ein paar Schritte aus dem Haus, egal, ob man seinen Appetit auf den

besten Käse oder das beste Eis der Stadt stillen möchte, ob man Kuchen oder Blumen braucht oder sich mal wieder einen chicen Hut anschaffen will. Man geht zu den Bekannten im Laden um die Ecke und bekommt, was man wollte.
Zeichnen wir den Spaziergang eines Inselkenners nach und nehmen wir uns die Zeit, die hier herrschende Atmosphäre auf uns wirken zu lassen.
Am besten betritt man die Insel von der Ile de la Cité her und bleibt am Ende der Pont St. Louis erst einmal stehen, um den herrlichen Ausblick zu genießen. Vor uns also die Ile St. Louis mit ihren aneinandergedrängten, aber nicht unherrschaftlichen Häusern, denen unser genaueres Interesse später noch gelten wird. Rechts blickt man hinunter auf die Seine mit einem Quai, der im Sommer von Sonnenbadenden bevölkert wird und ansonsten zu Spaziergängen einlädt. Wechselt man auf die linke Seite der Brücke, erschaut man die Silhouette des Quai de l'Hôtel de Ville und das wundervolle Rathaus von Paris. Man sollte von hier nicht weitergehen, ohne sich umzudrehen: Notre-Dame hat auch einen prachtvollen „Rücken," und der Blick reicht linker Hand so weit, daß man die Kuppel des Odéon sehen kann (nachts sind beide Bauwerke erleuchtet und der Blick besonders reizvoll).
Wer sich von der Aussicht noch nicht so schnell losreißen kann, sollte sie noch ein wenig weitergenießen bei einer Tasse Kaffee im ‹Le Flore de l'Ile›. Das Café ist der Treffpunkt der Inselbewohner, die mit dem ‹Patron› meist auf du und du stehen. Spezialität neben der ganz eigenen Atmosphäre sind die Eisbecher aus dem Hause Berthillon, dem renommierten Nachbarn, dem wir später noch einen Besuch abstatten werden.
Nach individuellem Geschmack gestärkt, begibt man sich nun auf einen Rundgang um die Insel herum, auf dem man die verschiedenen Aussichten auf die Stadt am anderen Ufer wie die Betrachtung der Häuserfassaden auf der Insel erleben kann. Hier, sozusagen unter der Haut der Insel, gibt es nicht viele Geschäfte, und so trifft man auf diesen Quaistraßen nur wenige Touristen. Ein Spaziergang auf den Spuren der Ruhe, der für Fotografen außergewöhnliche Motive und für Geschichtsinteressierte einiges an Vergangenheit bereit hält. Wendet man sich zunächst nach

rechts, den Quai d'Orléans bis zum Quai de Béthune entlang, erreicht man bald die Ecke Pt. de Sully/Quai d'Anjou, wo das Hotel Lambert, einer dieser alten Stadtpaläste (erbaut 1640), heute noch zu sehen ist. Das Haus (eigentlich wirkt es aufgrund seiner Größe und der es umgebenden hohen Mauern wie eine Festung), benannt nach seinem ersten Besitzer, einem Berater des Königs Louis XIII., ist mit einem wundervollen Innenhof eines der schönsten der ganzen Stadt. Hier erzog Rousseau die Kinder des späteren Besitzers Dupin, und hier empfing die Marquise du Châtelet Voltaire zum Rendez-vous. Heute ist das Haus im Besitz der Familie Rothschild und kann nicht mehr besichtigt werden. Löwenköpfe blicken den allzu Neugierigen vom riesigen Eingangsportal, Numero 2 in der Rue St. Louis-en-l'île an, die feine Messingklingel – natürlich ohne Namen – wirkt anonym und abweisend.
Geht man jedoch den Quai d'Anjou ein Stückchen weiter, sieht man eine Reihe sehr schöner Häuserfassaden. Das Hôtel de Marigny, ebenfalls 1640 erbaut, das die Hausnummer 5 trägt, wirkt sehr romantisch. Das Hotel Lauzun (Nummer 17) fällt durch sehr witzige, mit Gold verzierte Abflußrohre auf. Das Haus ist heute im Besitz der Stadt und wird als Herberge für illustre Staatsgäste verwendet. Um 1650 erbaut, kam es Mitte des 19. Jahrhunderts in Besitz des Grafen Pinchon, der Baudelaire und Théophile Gautier als Untermieter hatte. Die beiden Schriftsteller machten ihre Wohnungen zum Sitz des berüchtigten ‹Club des Fumeurs de Haschisch›, zu dem auch Victor Hugo, Alfred de Musset und Balzac gehörten.
Wer an dem von außen zu sehenden reich dekorierten Eisenbalkon nicht genug hat, kann das Haus im Rahmen von Führungen besichtigen (Auskunft: Centre d'Accueil de la Ville, 229, rue de Rivoli).
Zuletzt bleibt noch, den Quai de Bourbon zu passieren. Eine Gedenktafel erinnert an den Maler Philippe de Champaigne, daß auch Paul Claudel hier einmal wohnte, steht nirgendwo angeschrieben.
Wieder angekommen am Ausgangspunkt des Rundgangs, kann man sich nun, wenn man will, in das Gewimmel der Rue St. Louis-en-l'Ile stürzen, die ganz andere Attraktionen bereithält.
Man flaniert nun in einer Geschäftsstraße, in der Boutiquen,

Schmuck- und Buchläden, Restaurants und Hotels vorherrschen. Man sollte sich vom Hunger nicht in eine dieser Gaststätten hineinlocken lassen, wenn man nicht unnötig viel Geld ausgeben will. Am billigsten beschafft man sich etwas zu Essen in den zahlreichen Lebensmittelläden oder in einem der drei „Supermärkte" der Insel, wo man auch Wein erstehen kann. Einer der Läden ist auch sonntags geöffnet – er wird von Einwanderern aus dem Maghreb betrieben, die auch dann noch arbeiten, wenn die Franzosen Wochenende haben wollen!
Wochentags haben alle Läden der Insel übrigens von 13 bis 16 Uhr geschlossen.
Ist man auf etwas besonders Leckeres aus, setzt man sich in den Teesalon ‹Galixte›, 66, rue St. Louis-en-l'Ile, und probiert eine Tarte au citron. Es gibt sie in drei verschiedenen Größen – wenn man zu mehreren ist, wird's billiger. Wer Eis lieber mag als Kuchen kann zu Berthillon in Nummer 31 hinübergehen, wo täglich ab 13 Uhr Straßenverkauf gemacht wird. Meistens erkennt man das Geschäft schon an der Menschenschlange, die vor der Tür wartet. Anstehen lohnt sich tatsächlich!
Noch ein Stückchen weiter die Straße hinunter, wartet im Haus Numero 22 ein Schokoladengeschäft mit leckersten Florentinern und minutiös geformten Schokoladentierchen auf.
Nach den kulinarischen Genüssen kann man sich auf der Insel auch künstlerischen Interessen widmen. Es gibt unzählige Galerien, Antiquitätenläden und Buchhandlungen.
Eine der originellsten Adressen ist das ‹Musée du rire› im Haus Numero 57. Das „Museum" ist eigentlich mehr ein Geschäft, man kann es jedoch auch betreten, ohne etwas kaufen zu müssen. Ein paar junge Kreative haben sich zusammengetan, um sehr eigenwillige Figuren aus Gips herzustellen und zu verkaufen. Sie machen kleine Monster, karikieren Touristen aus aller Welt und bilden sogar die typischen Souvenir-Monumente von Paris wie den Arc de Triomphe auf sehr witzige Weise und zu erschwinglichen Preisen ab.
Für Posterfreunde sei die Galerie La Lucarne empfohlen, in der es tolle Sachen gibt. Oft interessante Wechselausstellungen veranstaltet die Galerie l'Ile des Arts.
Hat man sich eine Weile auf der Insel schauend und ent-

deckend umgetan, wird man gemerkt haben, daß der Teil der Rue St. Louis en-l'Ile, der hinter der Kreuzung mit der Rue des deux ponts liegt, viel ruhiger und ungestörter ist als der vordere Teil. Es gibt hier nicht mehr ganz so viele Geschäfte. Stattdessen entdeckt man die Volksschule der Insel und auch die kleine Stadtbibliothek – und natürlich die Eglise St. Louis, in der am Abend vielleicht gerade ein Konzert stattfindet.

Auf dem Weg zurück darf man eine letzte Tasse Kaffee in der Café-Galerie Les Fous de l'Ile in der Rue des deux ponts nicht versäumen. Man findet dort noch einmal ein außergewöhnliches Ambiente, das viele junge Leute anzieht und sehr zum Verweilen und Stöbern anregt. So unkonventionell wie die Poster, Postkarten und Bücher, die man hier anschauen und kaufen kann, sind auch die Leckereien, die die Küche des Hauses bietet. Es gibt vor allem Salate und zum 5-Uhr-Tee einen ganzen Wagen selbstgemachter Prachtkuchen. Dazu viel Gespräch mit den Leuten, die das Ganze organisieren und die wirklich etwas ‹fou› sind.

Noch zwei Tips für's Abendessen, die jedoch nicht ganz billig sind:

Im ‹Nos ancêtres les Gaulais› bezahlt man FF 110,– und darf dann soviel essen wie man möchte.

Und im ‹Restaurant Jazz›, das noch nicht lange existiert, gibt es fast jeden Abend zum Dinner ein Jazzkonzert gegen einen Aufpreis von FF 30,–.

REGINA RUNHOF

rue Venise
rue Neuve Notre Dame
Ste Geneviève des Ardens
Entrée de la Crypte

GESCHICHTE
SEHEN

Der lohnenswerte Abstieg
in die
archäologische Krypta
unter dem Vorplatz
von Notre-Dame

Wer den weiträumigen Platz vor der Kathedrale Notre-Dame überquert, wird mit den Augen zunächst an der imposanten Gestalt der Kirche hängen bleiben, die da unfaßlich hoch in den Himmel ragt. Erst später, wenn man sich sattgesehen hat, lenkt man den Blick auf die grauen Pflastersteine, die jedoch so uninteressant nicht sind, wie sie zunächst glauben lassen. Bald schon wird man andersfarbige Steine entdecken, die – welche Überraschung – Grundrisse verschwundener Gebäude nachzuzeichnen scheinen. Unmerklich verliert die aktuelle Ansicht des Platzes an Bedeutung, und die Neugier wendet sich seiner Geschichte zu.
Wir haben Glück, denn diese Geschichte fand unter dem Pflaster statt, auf dem wir heute gehen. So brauchen wir nur ein paar Treppen hinabzusteigen in eine archäologische Krypta und können die Vergangenheit sehen. Das Erlebnis ist überwältigend, denn wir werden zurückgeführt bis in die Anfänge der Stadt Paris.
Die Kelten haben die Ile-de-la-Cité bereits bevölkert, bevor noch das umliegende Festland bewohnt war. Sie zogen sich zum Schutz vor wilden Tieren sozusagen auf den Fluß zurück.
Die Seineinsel erfuhr dann eine erneute Besiedelung durch die Gallier, die im 3. Jahrhundert v. Chr. hier ihr Lutèce gründeten. Als ihr Land von Julius Cäsar erobert wurde, steckten sie die Hauptstadt in Brand. Die Römer bauten sie wieder auf und hinterließen Spuren, die heute noch zu sehen sind.
Die Krypta, die 1970 eröffnet wurde, zeichnet diese wechselvolle Geschichte nach. Drei Schaukästen am Eingang dokumentieren, wie sich die ersten Anfänge der Stadt entwickeln konnten, und machen dadurch die real vorhandenen Ausgrabungsfunde verständlich. Der Besucher bekommt hier zwei Schichten der Bebauung zu sehen: die gallo-romanischen Fundamente (Reste einer Stadtmauer, Fußböden verschiedener Häuser usw.) und die darauf erbauten Grundmauern mittelalterlicher Gebäude. Zum Teil sind beide Bauschichten so miteinander verquickt, daß beispielsweise Mauern der Spätantike im Keller eines mittelalterlichen Hauses ganz erhalten bleiben konnten.
Überall in der Krypta stehen Tafeln, die dem Besucher sozusagen jeden Stein erklären (auf französisch und englisch);

zusätzlich kann man individuell die verschiedenen Teile der zu sehenden Mauerreste beleuchten. Auch Nicht-Archäologen wird einsichtig, wie es hier vor langer Zeit ausgesehen haben mag.
Der Phantasie wird zusätzlich durch weitere Rekonstruktionen des Parvis auf die Sprünge geholfen. Ein wirklich wunderschönes Modell zeigt Notre-Dame und ihren Vorplatz zur Zeit der Regentschaft Louis XV (123 - 174), jedoch noch vor dem großen Brand des Jahres 1772, als große Teile der Gebäude (der Platz war damals ganz bebaut) zerstört wurden.
So wie der Parvis sich heute präsentiert, hat ihn erst Haussmann im 19. Jahrhundert angelegt.

REGINA RUNHOF

CRYPTE ARCHEOLOGIQUE DU PARVIS DE NOTRE DAME

Öffnungszeiten: täglich 10.00 bis 17.30 Uhr
Eintritt: FF 9,–; Jugendliche zwischen 18 und 24 und Senioren über 60 zahlen FF 5,– (Ausweis mitbringen).

An der Kasse gibt es kostenlos auf Anfrage einen sehr informativen deutschsprachigen Plan.

Noch ein Tip: bei der Gelegenheit sollte man sich die Ile-de-la -Cité auch noch von oben anschauen und die Chimärengalerie von Notre-Dame besteigen. Die auf dem Parvis zu erkennenden Grundrisse zeigen die Lage des ehemaligen Merowingerdoms St. Etienne aus dem 6. Jahrhundert (direkt dem Eingang der Kathedrale gegenüberliegend), der ehemaligen Rue Neuve Notre-Dame und der Kirche Ste. Geneviève des Ardens.

TURMBESTEIGUNG NOTRE-DAME

Eintrittspreise wie in der Krypta

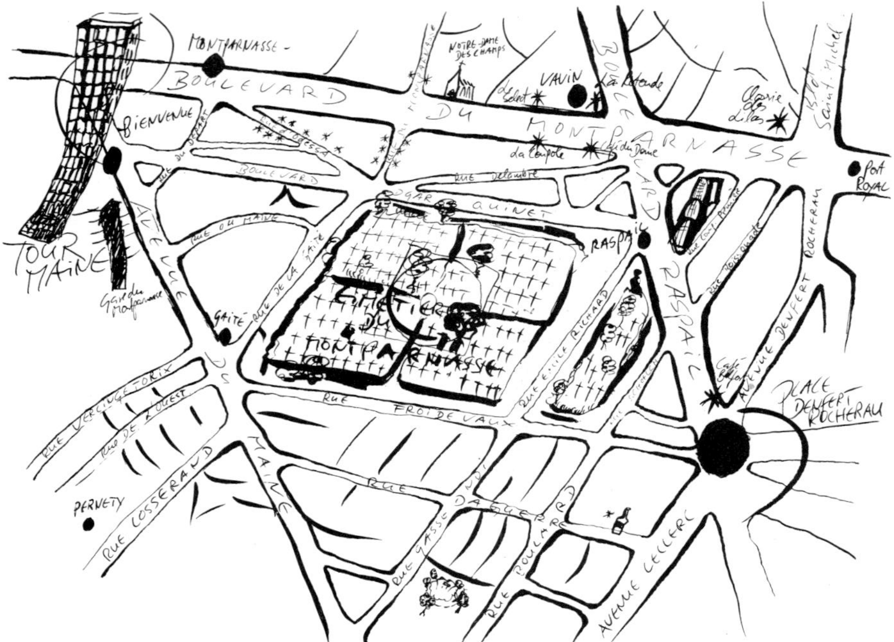

MONTPARNASSE -
BOULEVARD DU MONTPARNASSE
NOTRE-DAME DES CHAMPS
VAVIN
La Rotonde
le Select
Closerie des Lilas
Bd Saint-Michel
Port Royal
da Coupole
Café du Dome
RUE DELAMBRE
RUE D'ODESSA
BIENVENUE
RUE DU DEPART
BOULEVARD
EDGAR QUINET
RASPAIL
BOULEVARD RASPAIL
Rue Camp. Première
Rue Boissonade
AVENUE DENFERT ROCHERAU
PLACE DENFERT ROCHERAU
Café Belfort
RUE EMILE RICHARD
CIMETIÈRE DU MONTPARNASSE
RUE FROIDEVAUX
RUE DE LA GAITE
GAITE
RUE DU MAINE
AVENUE DU MAINE
TOUR MAINE
Gare du Montparnasse
RUE VERCINGETORIX
RUE DE L'OUEST
RUE LOSSERAND
PERNETY
RUE DAGUERRE
RUE GASSENDI
RUE BOULARD
AVENUE LECLERC

KALEIDOSKOP

Die vielen Gesichter des Montparnasse

Ausgangspunkt unseres Spaziergangs ist die Métro-Station Montparnasse-Bienvenue oder das Ende eines Fußwegs, der uns von St. Germain-des-Prés aus die Rue de Rennes hinaufgeführt hat. Beide Möglichkeiten stellen uns auf die Place du 18 Juin, der gegenüber sich das Anfang der siebziger Jahre erbaute „Wahrzeichen" des 14. Arrondissments unübersehbar in den Himmel reckt: die Tour Maine Montparnasse.

Ihr Standort ist von einem Gebäudekomplex umgeben, der leider ernüchternd wirkt und außer der Tatsache, daß er praktisch ist, nichts aufweisen kann. Die graue, schnell aufgebaute Baumasse erhält einzig durch die Installierung bekannter Namen wie Lafayette, C&A und anderer Geschäfte eine Auflockerung, doch selbst ein eingebautes Hallenbad kann dieser kommerziellen Anlage nichts von ihrem sterilen und langweiligen Ausdruck nehmen.

Man wird von diesem Empfangsbild nicht gerade entzückt sein und lasse sich am besten gleich entschädigen, indem man sich mit dem Aufzug in das 59. Stockwerk der TOUR MAINE hochziehen läßt und aus 200 m Höhe einen wunderschönen Rundblick auf Paris genießt.

Wenn auch einige alte Viertel des 14ième der Modernisierung haben weichen müssen und dem Auge öfters harte Gegensätze von Alt und Neu entgegenschlagen, atmet Montparnasse trotzdem noch Individualität. Ähnlich wie Montmartre, erweckt das Viertel in einem die Vorstellungen seiner einstigen Berühmtheit, die durch zahlreiche, hier lebende und arbeitende Künstler zustande kam und nach wie vor eine große Anziehungskraft besitzt.

Mit Montparnasse sind auch untrennbar die Namen zweier großer Boulevards verbunden, die als attraktive Hauptadern des 14. Arrondissements gelten: der Boulevard Raspail und der Boulevard du Montparnasse. Letzterer bildet zugleich die Grenzlinie zum 6. Arronidssement. Da alle Straßen, die von ihm aus hinunter zum Jardin de Luxembourg führen, einen Spaziergang wert sind, benutze man ihn einmal gesondert als „Sprungbrett" ins 6ème.

Vom Besuch der Aussichtsterrasse wieder auf den Boden zurückgekehrt, wenden wir uns von der Place du 18 Juin aus nach rechts dem Boulevard du Montparnasse zu, der zum Schlendern und Entdecken einlädt bis hin zur Kreuzung mit dem Boulevard St. Michel. Auffallend ist die – trotz

des Verkehrs – großzügige, angenehme Weite dieser Straße, in der häufig ein Wind weht, der sich unten, in der Stadt, rar macht.
Zudem bekannt als Kinozentrum, hat der Boulevard derer viele aufzuweisen, die mit ihren Leuchtreklamen und Warteschlangen am Abend entscheidend zum optischen Eindruck des Viertels beitragen. Daneben gibt es viele gute und teuere Restaurants, insbesondere mit Fisch- und Meeresspezialitäten. Um die Métro-Station Vavin herum glänzen dann die berühmten, ja legendären Cafés: La Rotonde, Café du Dome, Le Select, La Coupole und schließlich, am Ende des Boulevards, die Closerie des Lilas, einst Hemingways Stammkneipe. Man stelle selbst fest, ob diese „Cafés" noch immer das sind, was sie früher für Leute wie Strindberg, Cocteau, Gertrude Stein, Sartre, Picasso, Braque, Picabia, und wie sie noch alle heißen, bedeutet haben mögen: Treffpunkt der Künstlerszene. Aufgrund ihrer Einrichtung, dem Publikum und dem Flair hatten sie wohl das Unbeschreibliche gewonnen, was sie so anziehend machte.
Eine gute Zeit für den Besuch ist der späte Nachmittag oder die Zeit zwischen Abendessen und Nachhauseweg. Die Preise hier sind allerdings nicht bescheiden und entsprechen dem Aufwand von Renovierungsarbeiten und dem Anspruch, zu dem die Vergangenheit verpflichtet.
Wir verlassen jetzt den fließenden Rhythmus des Boulevardtreibens und wenden uns einer stilleren Gegend zu, die mit ihren kleinen Geschäften und Wohnvierteln interessant ist. Nach eigener Lust und Laune durchstreife man die kleinen Straßen, die den Boulevard du Montparnasse mit dem Boulevard Raspail und dem Boulevard Edgar Quinet verbinden. Blickt man ab und zu nach oben, so entdeckt man in vielen Häusern Ateliers. Hier müssen sich einmal sehr viele Künstler wohlgefühlt haben.
Ein besonders schönes Atelierhaus steht direkt gegenüber der Métrostation Raspail und schaut mit seiner Frontseite stolz den Boulevard Edgar Quinet hinunter (und damit direkt auf das phantasielose Gesicht der Tour Maine). Ein Beispiel par excellence für das Nebeneinander von alter und neuer Bausubstanz.
In unmittelbarer Nähe befindet sich der Cimetière du Montparnasse, einer der drei großen Pariser Friedhöfe,

den zu durchstreifen eine interessante Abwechslung bringt.
Nicht weit von hier liegt – wieder im Brennpunkt geräuschvoller Boulevards – auch die Place Denfert-Rochereau, in deren Mitte ein riesiger Bronze-Löwe thront und die eine weitere Entdeckung der Totenwelt bereit hält: die Möglichkeit zum Einstieg in den geräumigen und strapazierten Bauch von Paris. Vom ehemaligen Cimetière des Innocents zusammengetragen, sind in den sogenannten Catacombes Zig-Millionen Totenschädel und Gebeine zu besichtigen. Wen dieser makabre Ort interessiert:
Eingang: 2,place Denfert-Rochereau
Öffnungszeiten: täglich außer Montag 14 – 16 Uhr
Eintritt: etwa FF 10,–
Wer eher Lust auf einen Kaffee hat, setze sich ins Café Belfort und bestelle sich ein frisches, hier besonders gutes Croissant dazu. Auch sei für Weinfreunde auf die kleine Weinhandlung ‹Cave Peret› hingewiesen, deren roter Hauswein sehr zu empfehlen ist. (6, rue Daguerre).
Unseren Rundgang setzen wir fort, indem wir uns dem großen Angebot an kleinen Nebenstraßen zuwenden, die zwischen der Avenue Leclerc, der Avenue du Maine, der Rue de Losserand und der Rue Vercingetorix angelegt sind. Sie sichern einem die vielfältigsten Eindrücke: Marktstraßen, tote Winkel, Geschäfte, Arbeiterviertel, Kino, Kaufhäuser, Porno, Beton, Ruinen, kleine eigenwillige Plätze, Sanierungsgebiete, unterschiedliche Menschentypen ... Kaleidoskop des Montparnasse! So gelangt man allmählich im weiten Bogen zurück zur Tour Maine. Der von außen häßliche Bahnhof Gare du Montparnasse (Einzugsverkehr aus der Provinz) mag zusätzlich für all diejenigen interessant sein, die gerne Menschen beobachten. Hier sieht man auch jene, für die die glänzenden Boulevards uninteressant sind.
Bevor man an unserem Ausgangspunkt ankommt, kreuze man die Rue de Maine in Richtung Rue de la Gaité bis hin zum Boulevard Edgar Quinet. Von hier aus sind es nur noch ein paar Schritte ins ehemalige Bretonenviertel, die Rue d'Odessa und die Rue du Montparnasse, das wegen seiner preiswerten, gemütlichen und vor allem vorzüglichen Crêperien eine Art Geheimtip für Montparnasse-Gänger ist.

BIRGID LORD

LOTUSBLÜTEN

Auf den Spuren des Jugendstils im 16. Arrondissement

Wenn man bei den üblichen Sehenswürdigkeiten stehenbleibt und dort seine touristischen Pflichtübungen absolviert – Fußmarsch zur dritten Etage des Eiffelturms, weil der Fahrstuhl mal wieder ‹en panne› ist, ein Softeis vor dem Palais Chaillot, ein Bad in der Menge auf den Champs-Elysées – wird man das 'eigentliche' Seizième nicht sehen. Vom Ruf des Blasierten, Vornehmen, dem man dort begegnet, soll man sich nicht in die Flucht schlagen lassen. Wie immer in Paris liegen nämlich auch hier die sozialen Gegensätze dicht beieinander. Hier flaniert nicht nur die Haute Volée, hier spaziert ebenso das „gemeine Volk," hinabgestiegen aus den ehemaligen ‹Chambres de bonne›, den Dienstbotenzimmern im Dachgeschoß herrschaftlicher Häuser. Sie werden an Au-pairs, Studenten, Junggesellen vermietet. Auch trifft man hier die vierköpfige Emigrantenfamilie, die auf 16 m^2 schläft, kocht, streitet, feiert. Auf der Straße trifft man Blaumänner ebenso wie die – fürs Seizième übrigens typischen – aufgetakelten alten Damen, in Pelz und Duftwolke gehüllt, denen man schon aus der Ferne ansieht, daß sie Wert auf den uralten Adelstitel legen. Freilich ist man hier nicht in Belleville. Ein Blick durch erleuchtete Fenster zeigt Kristallüster, Kamine mit Marmorsims, Spiegel, Bilder in bronzenen Rahmen, Stuck, überall ein paar Möbelstücke aus illustrer Epoche, am besten Louis XIV. Der Reichtum hier hat Tradition: keine Neureichen, sondern alteingesessene Noblesse ist hier zu finden. Die Geschäfte sind gemischt: zwischen den Niederlassungen von Guerlain und Daniel Hechter wird man den von fischiger Aura umgebenen Poissonier ebenso seine Crevetten anpreisen hören wie an jedem anderen Ort der Stadt.
Mitten hinein ins Seizième fährt man mit der Métro Richtung Charles-de-Gaulle-Etoile und steigt an der Station ‹Passy› aus. Die Fahrt schon ist Sightseeing, denn hinter der Station Sèvres-Lecourbe taucht der Zug auf aus dem Schacht und bietet Ausblick auf die immer vornehmer werdenden Häuser. Rätsel gibt immer wieder der Name der Station ‹Bir-Hakeim› auf, die man passiert: es handelt sich um einen Ort in Libyen, an dem französische Truppen 1942 denen Rommels widerstanden.
Hat man an der Station ‹Passy› den Zug verlassen, steige man die Rue de l'Alboni hinauf und halte sich links, wo die

Rue de Passy beginnt, die ‹grande rue› des Viertels. Durch die zahllosen Geschäfte, die sich da zu beiden Seiten aneinanderreihen, sollte man sich nun nicht abhalten lassen, dem Blick in Nebenstraßen auch auf freiem Fuß zu folgen. Gerade hier in Passy haben reiche Auftraggeber den Architekten freie Hand gelassen, sich mit kapriziösen Ideen an den Fassaden auszutoben. Im späten 19. Jahrhundert muß Passy eine einzige große Baugrube gewesen sein. Noch Balzac, dessen Wohnhaus in der Rue Raynouard zu besichtigen ist, schreibt von endlosen Kutschtouren von Passy ins Stadtzentrum – auf der Flucht vor unerbittlichen Gläubigern freilich wird ihm die Fahrt noch endloser vorgekommen sein!
Passy war ein Dorf vor Paris und wurde erst im Jahre 1860 eingemeindet, als das Häusermeer an Dichte zuzunehmen begann. An den Fassaden schwirren bunte Keramikbienen, ranken sich Lotusblumen, die nie verwelken, stechen schmiedeeiserne Disteln in die Augen, über manchem Erker spannt sich ein originelles Dach, anmutend wie ein chinesisches Papierschirmchen. Massige Karyatiden geben das Geleit durch die Gassen. Und weitere Ausblikke tun sich auf in Neben-Neben-Straßen, in die ‹Square› oder ‹Cité› genannten Wohnanlagen hinter abschrekkend hohen Zäunen. In den vom Verkehr abgeschlossenen Häuserzeilen sieht man selten einen Menschen vor die Tür treten, je edler die Behausung, umso ausgestorbener scheint sie zu sein. Vor allen Dingen am Sonntag hat man als einsamer Spaziergänger in der Avenue Foch oder Georges Mandel den Eindruck, die gesamte Bevölkerung sei wegen drohender Epidemie evakuiert worden. Erst am Trocadéro wieder stößt man auf die Unverfrorenheit der Touristen dieser Welt.
Die Rue de Passy entlanggeschritten, kommt man auf die Place du Passy, die Drehscheibe dieser Gegend. Hier ist Coquelin Ainé der erste Bäcker am Ort, dessen Leckereien schon Julien Green zu schätzen wußte, hier steht die Markthalle, hier zirkuliert der Klatsch – denn hier gibt sich Passy noch im Kern seines Wesens zu erkennen: als Dorf. Die hier beginnende Rue de l'Annonciation ist eine belebte Marktstraße mit appetitanregenden Auslagen. Hier steht auch die kleine Kirche Notre Dame-de-la-Grace.
Feudaler wird es jenseits der Métrostation ‹La Muette›, links

hinein in die Avenue Mozart, wo dementsprechend alles Wolfgang Amadeus' Namen trägt. Man trägt seine Wäsche zu ‹Mozart Pressing›, schert sein Püdelchen bei ‹Chien Chien Mozart› und geht einen heben im ‹Au Zinc de Mozart›.
Fans des Jugendstil-Architekten Guimard (der ja auch die ersten Métroeingänge entworfen hatte, die noch an einigen Stationen zu sehen sind) können hier an den Start gehen. Je weiter man sich nach Auteuil hineinbegiebt, umso fündiger wird man werden und bald mit geübtem Blick auch ohne Reiseanleitung zu unterscheiden wissen zwischen florealem und linearem Jugendstil, wird sich ohne Widerstand einfangen lassen von den Mäandern krankhaft-schöner Balkonbrüstungen. Es lohnt sich, die Hemmungen vor Conciergen zu überwinden und einfach auch in die Häuser einzudringen. Man sagt am besten, man sei Kunststudent, dann wird man ungestraft schöne Keramikkacheln bewundern dürfen. Das gilt nicht nur für Häuser von Guimard. Hier die Adressen einiger sehenswerter Häuser:

ECOLE DU SACRE COEUR, 9, av. de la Frillière
HOTEL CARPEUX, 39, bd. Exelmans
HOTEL JASSEDE, 41, rue Chardon Lagache
HOTEL ROSZE, 34, rue Boileau
HOTEL DELFAUT, 1, rue Molitor
HOTEL GUIMARD, 122, av. Mozart
(hier hat der Meister selbst gewohnt)
HOTEL MEZZARA, 60, rue de la Fontaine
IMMEUBLE TREMOIS, 11, rue Francois Millet
IMMEUBLE JASSEDE, 142, av. de Versailles
MAISON PRIVE, 3., square Jasmin

(sich nicht erschrecken lassen von diversen Verbotsschildern)

Von den Anstrengungen der Architekturbetrachtungen kann man ausruhen im ‹Immeuble d'habitation›, 18, rue Henri Heine, in dem sich ein authentisches Jugendstilcafe befindet.

UNDA HÖRNER

MUSSE FÜR MUSEEN

Eine Anleitung zum Rundgang durch die bedeutendsten Pariser Sammlungen

Paris besitzt rund fünfzig Museen. Es fällt schwer, eine Auswahl unter ihnen zu treffen, falls man nicht bereits ganz bestimmte Interessen mitbringt. So sind die nachfolgenden Empfehlungen als Vorschlag gedacht für all jene, die nur wenige Tage in Paris sind und Lust haben, sich innerhalb ihres Tagesprogramms einige Stunden in jenen Museen aufzuhalten, die unbedingt mit dieser Stadt verwachsen sind.

DER LOUVRE

Mitten in der Stadt erstreckt sich dieser riesige Gebäudekomplex über 700 Meter an der Seine entlang. Seine ernste, rundum alles bestimmende Architektur nötigt einem schon den Entschluß zu einem Pflichtbesuch ab.
Einst ein Königsschloß, seit 1793 öffentlich als Museum zugänglich, bietet der Louvre den Besuchern aus aller Welt eine nicht enden wollende Fülle von Kunstschätzen der Vergangenheit, von denen noch eine beträchtliche Anzahl im Dunkeln schlummert und darauf wartet, irgendwann einmal im Licht der Öffentlichkeit zu stehen.
Was einen hier erwartet, ist ein bedeutender Ausschnitt der Kunstgeschichte. Ein einmaliger befriedigender Rundgang im größten Museum von Paris verlangt einen ganzen Tag oder zwei Vormittage. Eine Cafeteria nebst angrenzender Terrasse oder der Park des Palais Royal (Eintrittskarten für wiederholten Eintritt aufheben!) oder die Tuilerien laden zwischendurch zu Ruhepausen ein.
Ausgiebige Altertumssammlungen der orientalischen, ägyptischen und griechisch-römischen Kunst sowie Skulpturen des Mittelalters und der Renaissance bestimmen zusammen mit der Abteilung für Möbel und Kunstgewerbe das Erdgeschoß. Eine überschaubare und chronologisch bestens geordnete Gemäldesammlung (Mittelalter bis 19. Jahrhundert) erstreckt sich über den ersten Stock. Das Hauptgewicht macht neben italienischer und niederländischer die französische Malerei aus. Der Rest zeigt spanische und deutsche Malerei in wenigen, jedoch repräsentativen Werken.
Sofern der Besucher darauf aus ist, ganz bestimmte Kunstwerke aufzusuchen oder die berühmten Werke von Künstlern wie beispielsweise Cimabue, da Vinci, Michelangelo, Rubens, Rembrandt, Dürer, Watteau, Delacroix, Corot,

Ingrès, Greco oder Goya anpeilen will, besorge er sich in der Eingangshalle einen Orientierungsplan, um sich unnötige Umwege zu ersparen. Ansonsten spaziere man einfach wie ein Entdecker in die Räume herein, ohne Sorge etwas zu verpassen. Das Museum ist so gut bestückt, daß man gar nichts versäumen kann. Jede Abteilung hat ihre Glanzlichter aber auch deren oft langweiliges Umfeld, so daß man einerseits den jeweiligen künstlerischen Zeitgeschmack mit den herausragenden Meistern vergleichen kann, andererseits das Verhältnis von Zeit und Herkunftsland, Durchschnitt und Größe.
Im zweiten Stock befindet sich eine Fortsetzung der französischen Malerei und ein kleines Zeichenkabinett, in dem wechselweise Ausstellungen aus den graphischen Beständen zu sehen sind, die ansonsten nur auf spezielle Anfrage zugänglich sind. Ebenso dient der Pavillon de Flore dazu, nicht permanent ausgestellten Louvre-Besitz in Form von gesonderten Wechselausstellungen zu präsentieren. Meistens wird ein bestimmter Künstler, eine Thematik oder ein Technik vorgestellt. Der umstrittene, aber unaufhaltsame Umbau des Louvre wird dieser Aufteilung sicherlich nicht nur eine Änderung bringen, sondern auch eine Steigerung der derzeitigen Qualität und Quantität.
Nach dem Besuch im Louvre ist man erst einmal eingedeckt mit Eindrücken verschiedenster Kulturen und Darstellungsweisen, die das Empfinden in dicht gedrängter Folge immer wieder anders berührten. So wird es zu einem wahren Vergnügen, den Jardin des Tuileries zu durchqueren. Findet man es an der Zeit, sich jetzt mit französischer Kunst eingehender zu befassen, so betrete man am Ende der traditionsreichen Parkanlage – die heitere Stimmung noch in den Augen – das

JEU DE PAUME

Zeitlich wie inhaltlich eine Fortsetzung der französischen Gemäldesammlung des Louvre, konfrontiert es den Besucher einzig und allein mit Werken des Impressionismus und seines Umfelds. Die geschlossene Zusammenstellung ist so umfangreich wie einzigartig. Jedem wird hier klar, daß diese Bilder in der Hauptsache auf ihre Wirkung auf das Auge abzielen, nicht die Objekte sind vornehmlich von Bedeutung, sondern das Bild in seiner malerischen Ge-

«Etonnante peinture. Sans dessin et sans bord ... Cantique sans paroles ... ou l'art ... sans le secours des formes. Sans vignette ... sans anecdote ... sans fable ... sans allégories ... sans corps et sans visage ... par la seule vertu des tons ... n'est plus qu'éffusion ... lyrisme. Où le coeur se raconte ... se livre ... chante ses émotions.»

Erstaunliche Malerei. Ohne Plan und ohne Umriß ... Choral ohne Worte ... oder die Kunst ... ohne die Hilfe der Formen. Ohne Zier ... ohne Anekdote ... ohne Fabel ... ohne Allegorien ... ohne Körper und ohne Gesicht ... einzig vermöge der Farbtöne ... ist nur noch Erguß ... dichterische Sprache. Wo das Herz sich erzählt ... sich ausliefert ... seine Gefühle besingt.

Louis Gillet. Die Seerosen.
Zu den Bildern Claude Monets.
Übersetzung: Regina Runhof.

samtheit: die Unterordnung des Inhalts zugunsten einer freieren Handhabung der Farben und Formen hat stattgefunden.
Wenn Gleichartiges in starker Konzentration wo wie hier im kleinen Ableger des Louvre auftritt, hat man als Betrachter das Erlebnis einer Gesamtschau, deren Grundcharakter ablesbar ist, während sich verschiedene Tendenzen leicht herauskristallisieren. So empfindet man die Dichte der Hängung der Bilder nicht als allzu störend, wie überhaupt die enge, meistens überfüllte Räumlichkeit des Gebäudes, das an Wochenenden einem bevorzugten Ausflugsort gleicht, verbindlich und familiär wirkt.
Beim Betrachten der Bilder bedenke man, welchen Skandal sie zu Zeiten ihrer Entstehung verursachten und welche Ablehnung sie den Künstlern eingetragen haben.
Erfrischt und bester Stimmung nach diesem Fest für's Auge verläßt man das Museum und sollte sich unbedingt noch das dazugehörige „Dessert" gönnen, indem man in die direkt gegenüberliegende

ORANGERIE

geht. Seltsamerweise lange nicht so frequentiert wie das Jeu de Paume, bietet sie neben anderem eine schöne kleine Sammlung von Soutine und Modigliani-Bildern, Cézannes, Renoirs und Picassos, während im unteren Stockwerk in eigens vom Künstler entworfenen Räumen, Claude Monets Seerosenbilder zu bewundern sind. Sie sind sowohl in ihrer Technik als auch in ihrer höchsten Annäherung an das impressionistische Ideal, nicht zu überbieten. Hier steht man nicht mehr vor einer Abbildung, sondern vor einer angedeuteten Darstellung: reiche aufgelöste Farbmaterie.
Der dritte Gang führt zu Museen, die in ihrer Eindringlichkeit und Eigenheit eine weitere Steigerung bieten, da sie jeweils nur einen einzigen Künstler präsentieren. Hinter der Métrostation La Muette im 16. Arrondissement führt einen der kleine Jardin du Ranelagh zum

MUSEE MARMOTTAN

in dem man wiederum Claude Monet begegnet. Man gehe ohne Umwege direkt in den linken Teil dieser zum Museum umfunktionierten, ehemals vornehmen Villa, vor-

1	Skupturenterrasse TINGUELY		
2	Skulpturenterrasse LAURENS	ERNST	MIRO
3	Skulpturenterrasse CALDER		
4	MATISSE		
5	Graphik		
6	Wechselnde Ausstellungen		
7	FAUVISME		
8	BONNARD	MATISSE	
9	MATISSE	Die Kapelle von Vence	
10 + 11	MATISSE		
12	DUCHAMP-VILLON		
13 + 14	KUBISMUS		
15	GONZALES		
16	PICASSO	nach 1918	
17	BRAQUE	nach 1918	
18	LEGER		
19	KANDINSKY		
20	KANDINSKY	KLEE	
21	DEUTSCHLAND	ITALIEN	RUSSLAND 1905 – 14
22	BRANCUSI	MONDRIAN	
23	PEVSNER	KUPKA	
24	DELAUNAY		
25	ABSTRACTION-CREATION		
26	CHAGALL	DERAIN	DUFY
27	FIGURATIVE	1920 – 30	
28	ROUAULT		
29	MIRO	CALDER	
30 + 31	SURREALISMUS		
32	DUBUFFET		
33	COBRA		
34 + 36	FRANZÖSISCHE	ABSTRAKTE	50er Jahre
35	BALTHUS	BACON	GIACOMETTI
37 + 38	ABSTRAKTE	50er – 60er Jahre	
39	NEUER REALISMUS		
40	POP-ART		
41	BEUYS		

MUSEE NATIONAL D'ART MODERNE

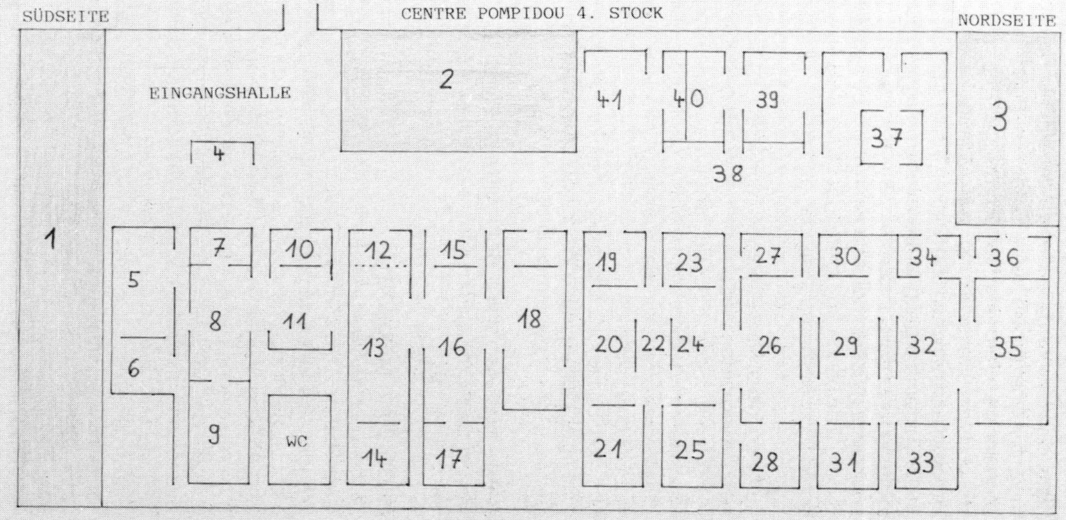

bei an einigen blauen verzaubernd wirkenden Monet-Bildern, die den Auftakt bilden zu der eigentlichen Sammlung, die eine Treppe tiefer hängt. Hier unten überlasse man sich dem Farbenfest seiner Bilder, genieße das Ergebnis und die Weiterführung von Monets konsequenter Arbeit, die in manchen Spätwerken schon den Übergang in die Moderne anzeigt. Neben weiteren Wasserpflanzenbildern, deren geschlossenste Szenerie man bereits in der Orangerie gesehen hat, hängen hier die bedeutendsten Städte- und Landschaftsbilder des Malers. Das Aushängeschild (und Namensgeber) der gesamten impressionistischen Bewegung, die ‹Impression du soleil levant› wurde zusammen mit vier weiteren Meisterwerken im Herbst 1985 von unbekannten Dieben von der Wand gestohlen; daß Kunst immer wieder für politische und materielle Interessen herhalten muß, spürt hier nicht nur die Museumsleitung; dieser Umstand wird alle hierher pilgernden Kunstliebhaber traurig stimmen.
Um den Einfluß des Impressionismus auf die folgenden Malergenerationen deutlich mit den Augen weiterverfolgen zu können, gehe man in das

MUSEE D'ART MODERNE DE LA VILLE DE PARIS
und in den Centre Pompidou, wo auf zwei Etagen die Sammlung des

MUSEE D'ART MODERNE
aufbewahrt ist. Sie wurde erst kürzlich neuorganisiert, und zwar auf so übersichtliche Weise, daß es eine wahre Freude ist zu sehen, wie gut und sinnvoll mit Räumlichkeit, Licht und Hängeordnung umgegangen werden kann. Die beiden Sammlungen – und letztere in besonderem Maße – bieten einen Überblick über die verschiedenen Stilrichtungen der Moderne vom Pointillismus, Expressionismus, Surrealismus, Kubismus bis hin zu klassischer Moderne und aktuellen Tendenzen der Gegenwart.
Gleich neben dem Centre Pompidou befindet sich – stille Oase inmitten des Getümmels – das räumlich versetzte, aber original wiederaufgebaute
ATELIER des rumänischen Bildhauers
CONSTANTIN BRANCUSI (1876–1957), das zum Verständnis seiner Werke unbedingt zu besuchen ist.

Bezüglich der Möglichkeit, das persönliche Atelier eines Künstlers zu besichtigen, sei als interessanter Vergleich dazu das

MUSEE DELACROIX

empfohlen, das idyllisch und abseits an der Place de Furstemberg zu finden ist und während eines Spaziergangs auf dem Boulevard St. Germain als lohnender „Seitensprung" besucht werden kann.

Abschließend ist ein Besuch im

MUSEE RODIN

wärmstens anzuraten. Zur Abwechslung erwartet den Besucher das Beispiel eines geschlossenen bildhauerischen Werkes. Lage, Art und Atmosphäre des Gebäudes erinnern an das Musée Marmottan; wieder hat man das Gefühl, in einem Privathaus zu Gast zu sein, in dem Werke wie selbstverständlich zusammengetragen sind. Hier, im ehemaligen Hotel Biron, lebte Auguste Rodin die letzten neun Jahre seines Lebens; hier, daß heißt im jetzigen Postkartenverkaufsraum, saß für einige Zeit Rainer Maria Rilke als sein Privatsekretär.

Bevor man sich der umfangreichen Sammlung in den Innenräumen zuwendet, sollte man die seltene Möglichkeit nutzen, sich erst einmal in dem das Haus umgebenden schönen friedlichen Garten einzustimmen. Dabei stößt man unweigerlich auf des Künstlers Bildhauergarten, in dem zum Teil unvollendete Gips- und Marmorfiguren aufgestellt sind. Man wird vor allem jene Werke entdecken, die zu Rodins Meisterwerken zählen: die Bürger von Calais, die Höllenpforte und die wohl beeindruckendste Skulptur: Balzac. In aller Ruhe und in frischer Luft kann man in idealer Weise die Skulpturen rundum und in allen möglichen Abständen besehen und wird vielleicht dabei feststellen, wie reizvoll sich die durch Witterung gebildete Patina der Balzac-Figur mit dem sie umgebenden Grün des Gartens verbindet.

Nachem man seinen Rundgang im Innern des Museums beendet hat, lädt der sich hinter dem Haus ausdehnende Park zu einem letzten kleinen Gang ein, bevor man sich wieder anderen Dingen zuwendet. Diesen Park wiederholt an schönen Tagen zum Ausruhen aufzusuchen, empfiehlt sich auch ohne Museumsbesuch. BIRGID LORD

„Der König von England hat Gewalt über Calais. Er tut mit Calais nach seinem Willen. Nun fordert er dies: sechs Gewählte Bürger sollen den Schlüssel vor die Stadt tragen – sechs Gewählte Bürger sollen aus dem Tor schreiten – barhäuptig und unbeschuht – im Kleide der armen Sünder – den Strick in ihrem Nacken. –
(…)
Sechs sollen am frühen Morgen von der Stadt aufbrechen – sechs sollen sich im Sande vor Calais überliefern – sechsmal schnürt sich die Schlinge –: das wird die Buße, die Calais und seinen Hafen heil bewahrt! –"

aus: Georg Kaiser.
Die Bürger von Calais.
Bamberg. 1978.

„Herr Rodin,

Sie haben mich durch Le Bossé gebeten, Ihnen meine Meinung zu Ihrer Balzac-Statue mitzuteilen: ich finde sie sehr groß und sehr schön und den besten all Ihrer Entwürfe zu diesem Thema. Vor allem die sehr betonte Wirkung des Kopfes, die im Gegensatz steht zu der Schlichtheit des Faltenwurfs, ist hervorragend gefunden und ergreifend. Mir gefällt auch die Idee der schwingenden Ärmel, die gut den Mann von nachlässigem Geist … (?) Balzac ausdrückt. Insgesamt glaube ich, Sie dürfen mit einem sehr großen Erfolg rechnen, vor allem bei den wahren Kennern, die keinerlei Vergleich zwischen dieser Statue und all denen finden können, mit denen man bisher die Stadt Paris geschmückt hat.

Mit herzlichen Grüßen
C. Claudel"

Camille Claudel an Auguste Rodin, Paris 1898
aus: Camille Claudel – Auguste Rodin
Künstlerpaare – Künstlerfreunde
Ausstellungskatalog. Kunstmuseum Bern. 1985.

NEUES MEKKA DER POLYGLOTTEN PICASSOFANS

Das Hôtel Salé

Einer der berühmtesten Franzosen ist ein Spanier: Pablo Picasso. Ein neues Museum rühmt sich seiner, und Paris rühmt sich eines neuen Museums in einem alten Gebäude, dem Hôtel Salé in der kleinen Rue de Thorigny (Nr. 5). Das Haus wurde 1656 von Pierre de Fontenay, dem Generalpächter der horrenden Salzsteuern, bezogen – daher der Name ‹Salé›, der „Gesalzene." Die prächtige Anlage und Innenausstattung seines Hauses wird er von jenen Steuereinnahmen bestritten haben!
Nach dem Tode Fontenays waren hier der Gesandte von Venedig, später ein Geistlicher, zwischen 1829 und 1887 die ‹Ecole centrale des arts et manufactures› untergebracht. 1950 zog erneut eine Kunstschule ein. Von der Schönheit des Gebäudes war nichts mehr zu sehen, weil Garten und Hof mit Schuppen und Gerümpel verstellt waren. So erwarb die Stadt Paris das Haus, um es für einen öffentlichen Zweck zu restaurieren. Seit Sommer 1985 nun ist das Hôtel Salé den Kunstfreunden als Musée Picasso zugänglich. 220 Gemälde, 150 Skulpturen, 1500 Zeichnungen, unzählige Graphiken, Collagen, sowie Bilder von Freunden – Matisse, Giacometti – und Fotografien sind aus Picassos Ateliers und aus dem Besitz seiner Familie (die die Bilder ausschließlich einem Picasso-Museum zur Verfügung stellen wollte!) ins Marais getragen worden.
Der Besucher überquert die ‹Cour d'Honneur› und gelangt in die Ausstellungsräume. Auf vier Ebenen sind Werke jeder Schaffensphase untergebracht. Das Geleit gibt der ‹Homme au chèvre›, der „Mann mit Lamm." Zu den oberen Räumen geht es über eine marmorne Freitreppe, und niemand sollte versäumen, einen Blick auf den reichen Stuck, das Schmiedeeisen und die Atlanten zu werfen, die die Decke emporstemmen.
‹C'est la couleur des couleurs, le bleu de tous les bleus.› So Picasso zu seinem Selbstportrait aus dem Jahre 1901, das die blaue Periode einleitete; rosa dagegen die mageren Akrobaten der folgenden Periode (1905/6). Die ‹Desmoiselles d'Avignon› (1907) sind ein Begriff als erstes Werk des Kubismus, der sich in den darauffolgenden Jahren in verschiedensten Objekten manifestiert: Papiers collés, Skulpturen, Gemälde.
Wo sich die „Frau im roten Sessel" klumpig präsentiert, ist viel kopfschüttelnder Durchgangsverkehr. Einschüchternd:

„Die großen Badenden." Gefälliger sind die Werke der „klassischen Phase" (1918 – 1925) oder die Tonarbeiten aus Vallauris, wo Picasso um 1950 Bekanntschaft mit dem für ihn neuen Werkstoff machte.
Der Garten des Museums ist bestückt mit Skulpturen. Hier trifft man auch auf die berühmte Ziege aus Bronze, deren Brustkorb die Metapher „Korb" wieder zurückübersetzt: Strohhalme ragen ihr aus dem Leib.
Hier im Jardin ist es ein angenehmes Sitzen. Der Blick schweift über das sich Darbietende. Im Regen-Fall läßt es sich – wenn nicht gleich in der Caféteria – auch im Hellen sitzen: ein ehemaliger Stallhof ist überdacht und angetan mit Bronzeskulpturen verschiedener Jahre. Von einer Balustrade aus hat man Überblick über den ganzen Raum und die Entwicklung des Künstlers. So, nämlich als Gesamtübersicht, versteht sich auch das ganze Museum.
Man zögerte nicht, auch Stücke aus dem Besitz Picassos zu zeigen; etwa vierzig Objekte sind Werke von Künstlerfreunden. Zu sehen sind Fotos von Man Ray und Dora Maar, Zeitungsartikel über das kommunistische Engagement Picassos, das viel Aufsehen erregte. Ein Stammbaum gibt Auskunft über die Familie: endlich lernt man, mit wie vielen Frauen Picasso zusammengelebt hat und wie all seine Kinder heißen ...
Man prognostiziert einen nicht abreißenden Besucherandrang aus aller Welt. Ähnlich wie vorm Jeu de Paume wird man sich auf endlose Schlangen an der Kasse gefaßt machen müssen. Daher gilt: früh aufstehen, möglichst vor 10 Uhr dasein. Außerdem empfiehlt es sich, *vor* dem Rundgang Postkarten zu kaufen. Hinterher ist die Drängelei zu groß. An der Kasse gibt es Drucke und Poster. Auch das ‹Bleu de tous les Bleus› kann der Picasso-Begeisterte nach Hause tragen.

UNDA HÖRNER

Pompidou

ZEITTAFEL

1969	Entscheidung des Präsidenten Pompidou, ein Kulturzentrum zu errichten, das den zeitgenössischen Künsten und der Lektüre gewidmet sein sollte.
1970	Ausschreibung eines internationalen Wettbewerbs zur Gestaltung des Zentrums; 681 Architektenteams aus aller Welt unterstellen ihre Vorschläge der Beurteilung einer ebenfalls internationalen Jury.
15. 7. 71	Der Vorschlag von MM. Piano, Rogers und Franchini (unterstützt von ‹Ove Arup and Partners›) wird angenommen.
April 71	Beginn der Planierungsarbeiten
30. 1. 77	Offizielle Einweihung des ‹Centre National d'Art et de Culture Georges Pompidou›.

TECHNISCHE DATEN

Gesamtfläche:		103.000 m^2
Benutzbare Fläche:		70.000 m^2
GEBÄUDE	Höhe:	42 m
	Länge:	166 m
	Breite:	60 m

In der Umgebung, über den Platz vor dem Centre (Piazza) hinaus, 14.500 m^2 Fußgängerzone.

Quelle: PARIS AUX CENT VILLAGES.
Monatsheft Februar 1977.

OLYMPIASTADION DER KULTUR?

Ansichten des Centre Pompidou

„Beaubourg 1984. Jetzt sind es 15 Jahre, die man davon spricht und sieben Jahre, die man davon Gebrauch macht. Gestern Bonnard. Heute Kafka. Es passiert immer etwas in Beaubourg, einschließlich von Zeit zu Zeit einer Blockade, einem Streik, denn die Maschine ist schwer und nicht leicht zu verwalten. Aber innerhalb einiger Jahre ist der Centre Pompidou ein nicht zu umgehender Ort in der kulturellen Praxis Frankreichs und eine so unumstrittene internationale Empfehlung geworden, daß die Leute von New York, als in diesem Frühjahr das neue MOMA mit seinen Glastreppen an der Fassade eingeweiht wurde, sagten: „Wir haben unser Beaubourg."
Giscard d'Estaing liebte diese Maschine da überhaupt nicht. 1974 war es Chirac als Premierminister, der dies Testament Pompidous gerettet hatte, das kurz davor stand, zerstört zu werden, wie die Testamente der Könige. Nach der Einweihung 1977, kam Giscard nur einmal, so scheint es, um Helmut Schmidt zu begleiten, der gekommen war, um die Ausstellung Paris – Berlin zu sehen. Aber François Mitterand machte dort seinen ersten Besuch schon im Juli 1981. Und dieses Erbe der Rechten wurde zum Objekt aller Sorgfalt der linken Regierung, die die Präsidentschaft Jean Maheu, ehemaligem Kollaborateur des Generals de Gaulle und Musikdirektor unter Giscard, anvertraute. Jaques Chirac, der Bürgermeister von Paris, versteckt seine Zuneigung zum Centre nicht, über den Claude Pompidou mit Diskretion und Eifer wacht. In einem Wort, der Centre Pompidou ist ein Ort des Konsenses, und er entrinnt den politischen Kontroversen."

aus: Jaques Rigaud. L'Effet.
in: Mots de passe 1945 – 1985.
Paris. 1985.
Übersetzung: Regina Runhof

Vor einigen Jahren, als der Centre Pompidou gerade im Entstehen war, beurteilte man ihn noch nicht so einhellig positiv, wie es Jacques Rigaud in seinem 1984 entstandenen Artikel beschreibt. Vor allem die Bevölkerung wehrte sich gegen diese „Maschine," und die allgemeine Ablehnung fand in den Medien entsprechenden Ausdruck. Der Figaro sprach von „dem gräßlichen Monster," France-Soir sogar von „dieser besonders erschreckenden Scheußlichkeit," weitere Titulierungen wie „Olympiastadion der Kultur" oder „Notre-Dame der Ofenrohre" hielten Einzug in den allgemeinen Sprachgebrauch. Die Empörung richtete sich weniger gegen die Idee eines Kulturzentrums als gegen den Baustil dieses Riesenobjektes; ultramoderne Architektur sollte da plötzlich in einem der ältesten Viertel der Stadt geduldet werden. Die Monatszeitschrift ‹Paris aux cent villages› setzte so über ein Foto der Baustelle Beaubourg den wehmütigen Kommentar:
„Eine Gegend, die unwiderruflich verschandelt ist. Einige Meter von der Kirche St. Merri aus dem 16. Jahrhundert entfernt, an der sich, in harmonischer Kontinuität, die Häuser aus dem 18. Jahrhundert" (...) „anlehnen, erhebt sich zur einstimmigen Geringschätzung aller das (immerwährende) Stahlgerüst des Centre National d'Art Contemporain. Nur die Kräne sind berufen zu verschwinden." (Mai 1976, S. 169).
Inzwischen sind nicht nur Politiker, sondern auch große Teile der Bevölkerung von „ihrem" Centre begeistert. Die vielen kulturellen Einrichtungen, die hier unter einem Dach zusammengefaßt sind, haben tatsächlich das Publikum erreicht, das sie ansprechen wollten: nicht nur vereinzelte Intellektuelle gehören zu den Besuchern, sondern die breite Masse der Bürger. Natürlich haben auch die vielen enthusiastisch gestimmten Fremden zum Renommé des Zentrums beigetragen, doch sind es vor allem die Einheimischen, die Beaubourg „bewohnen." Viele Studenten der Pariser Universitäten sind hier öfter als zuhause anzutreffen, und gerade diejenigen, die zwar in Paris aufgewachsen sind oder schon lange hier leben, jedoch noch immer nicht als „Franzosen" akzeptiert werden, nämlich die maghrebinischen und afrikanischen Einwanderer, haben in der relativ toleranten Atmosphäre einen Platz gefunden, wo sie sich wohlfühlen.

Die Kunst, die im Centre Pompidou gemacht oder gezeigt wird, bildet eine Art Widerpart zu den doch eher traditionellen Veranstaltungen in den übrigen Teilen der Stadt (in Bezug auf bildende Kunst, Musik, Kino, nicht im Bereich des Theaters). Es hat sich gezeigt, daß gerade der experimentelle, ja sogar avantgardistische Charakter dieser Veranstaltungen dazu geeignet ist, auch in den Bevölkerungsschichten Interesse zu wecken, die sonst kulturellen Bemühungen eher passiv gegenüberstehen. Die Hemmschwelle, eine große Gemäldeausstellung im 5. Stock des Centre Pompidou zu betreten, scheint weit niedriger zu liegen als bei einem vergleichbaren Angebot im Grand Palais.
Vielleicht liegt ein Teil des Erfolges darin begründet, daß man sich von Anfang an um ein behutsames pädagogisches Programm bemühte. Alle Veranstaltungen werden von Vortragsprogrammen, Podiumsdiskussionen usw. begleitet. Zu den Kunstausstellungen erscheint meist auch ein kleines, wirklich liebevoll gemachtes Heftchen für Kinder, so daß ganze Familien angeregt werden, hierherzukommen. Das alles sind Punkte, die den Zugang zu künstlerischen Bemühungen unserer Zeit erleichtern.
Für die Künstler selber bietet der Centre ein einmaliges Diskussionsforum und viel Platz, um neue Tendenzen vorzustellen.
Die wichtigsten Einrichtungen des Centre sollen im Rahmen dieses Artikels kurz vorgestellt werden.
Gleich unten im Erdgeschoß, rechts vom Haupteingang, befindet sich das KINDERATELIER. 4 – 12jährige dürfen sich mit oder ohne Eltern einfinden, um selbst kreativ zu sein. Die anwesenden Kunst- und Musipädagogen verstehen ihre Arbeit als Ergänzung und Alternative zur schulischen Ausbildung, in der zwar Intelligenz und Denkfähigkeit ausgebildet werden, aber geringer Wert auf sinnliches Erfassen der Welt gelegt wird (in Frankreich noch weniger als in Deutschland, denn in vielen Schulen gibt es weder Kunst- noch Musikunterricht). Ebenfalls im Erdgeschoß wurde der AKTUALITÄTENSAAL der Bibliothek (BPI) eingerichtet. Er erlaubt es dem Besucher, Neuerscheinungen auf den Sektoren Buch und Schallplatte kennenzulernen (eine ganze Ecke des Raumes ist mit Sesseln ausgestattet, in denen man über Kopfhörer Musik hören kann).

Außerdem liegen eine Reihe verschiedenster Zeitungen und Zeitschriften zur freien Benutzung aus.

Die BIBLIOTHEK selbst befindet sich im zweiten Stock. Sie ist jedem ohne große Formalitäten zugänglich, allerdings können die Bücher nur im Lesesaal konsultiert werden. Diapositive, Mikrofilme und Videokassetten können an speziell eingerichteten Plätzen eingesehen werden. Zwei Sprachlabors ermöglichen das kostenlose Erlernen einer Fremdsprache, zum Teil in audio-visueller Methode.

Auch hier liegen ständig Tageszeitungen aus aller Welt zum Gebrauch bereit.

Der CENTRE DE CREATION INDUSTRIELLE (CCI) hat auf halber Höhe zwischen Erdgeschoß und erstem Stock seinen Platz gefunden. Das Thema, mit dem sich der CCI beschäftigt, ist unser tägliches Leben in einer modernen Welt, die von technischen Produkten und Medien bestimmt wird. Ausstellungen sollen einem breiten Publikum die Faktoren bewußt machen, die den Menschen unserer Zeit ungewollt oder gewollt beeinflussen. Der Eintritt in diese Ausstellungen ist kostenlos.

Im dritten und vierten Stock des Gebäudes ist das MUSEE NATIONAL D'ART MODERNE untergebracht, über das der Artikel „Muße für Museen" berichtet.

Unterm Dach schließlich befindet sich die CINEMATHEQUE, ein Programmkino, das täglich wechselnd Filme aus aller Welt (darunter viele „Klassiker" der Filmgeschichte) zeigt. Im Rahmen von Festivals werden ganz gezielt unbekannte Produktionen einzelner Länder vorgestellt.

Außer Haus, nämlich in der Rue St. Merri Nummer 31, ist das INSTITUTE DE RECHERCHE ET DE COORDINATION ACOUSTIQUE / MUSIQUE (kurz ICRAM) sozusagen in den Boden eingelassen. Das Institut, dessen Leitung Pierre Boulez übertragen wurde, versteht sich als eine Art Laboratorium der Musik. Ausgegangen wird von der Idee, daß musikalische Creation in unserer Zeit nicht mehr Sache eines einzelnen, sondern eher eine Gruppenarbeit ist. So sollen sich hier Musiker und Komponisten treffen, um gemeinsam zu produzieren. Das Publikum soll am Entstehungsprozeß von Musik beteiligt werden und nicht nur, wie im traditionellen Konzert, das „Endprodukt" zu hören bekommen.

Der Centre ist wochentags außer Dienstag von 12 bis 22 Uhr geöffnet, Samstag und Sonntag von 10 bis 22 Uhr.
Für alle, die längere Zeit in Paris sind und den Centre Pompidou ins Herz geschlossen haben, lohnt sich die Anschaffung eines LAISSEZ-PASSER. Der Ausweis wird für ein Jahr ausgestellt und berechtigt zum freien Eintritt in alle Veranstaltungen des Centre, ausgenommen Konzerte, Ballettabende usw. Zu solchen Gelegenheiten erhält sein Besitzer jedoch eine Ermäßigung auf den Eintrittspreis. Einkäufe in der Buchhandlung werden ebenfalls 5% billiger. Am Vorabend der offiziellen Eröffnung einer Ausstellung haben Laissez-passer-Inhaber das Recht, zur ‹Avant-première› eingelassen zu werden. Und schließlich erhält man kostenlos das monatliche CNAC-Magazine, das über alle laufenden Veranstaltungen informiert.
Der LAISSEZ-PASSER kostet zur Zeit FF 115,–, für alle unter 25 und über 65 Jahre FF 85,–. Studenten sollten sich ihren Antrag vom CROUS (französisches Studentenwerk) abstempeln lassen. Sie erhalten dann eine doppelte Ermäßigung (Mitglied einer Vereinigung und Student) und bezahlen nur noch rund FF 50,–.

Noch eine Anregung für diejenigen, die sich schon einmal im Quartier zwischen LES HALLES und CENTRE POMPIDOU befinden: gleich nebendran liegt das ebenfalls relativ neu errichtete QUARTIER DE L'HORLOGE. Die Automatenuhr, nach dem es benannt ist, ist sehenswert. Sie wurde im Auftrag von Jacques Chirac von Jacques Monestier gebaut und 1979 in Betrieb genommen. Der ‹Defenseur du temps› verteidigt die Zeit gegen einen Drachen, der sekundenstoßweise Luft holt.

REGINA RUNHOF

DIE GOTIK HÄLT EINZUG

Anmerkungen zur Basilika von St. Denis

Ehemalige Abteikirche Saint-Denis.
Westfassade · Rekonstruktion nach Stoddard

Paris ist geschmückt mit einer ganzen Reihe gotischer Bauten, die ihren Maßstab mehr oder weniger einer Kirche verdanken, die sich im nördlichen Peripheriebezirk der Stadt befindet: der Basilika St. Denis.
Sie hat durch ihre Lage nicht den Vorteil eines vielbeachteten Monuments, wie ihn beispielsweise Notre-Dame, die wie auf einem Serviertablett wunderschön auf der Ile-de-la-Cité gelegen ist, zweifelsohne besitzt. Der besondere Reiz der Basilika liegt gewissermaßen in dem „Pioniercharakter," den sie als eigentliche Quelle gotischer Sakralbauten innehat. Ihre Gründungsgeschichte ist zudem so interessant, daß man neugierig wird, sie näher kennenzulernen. Zögern wir also nicht, uns in die Métrolinie 13 zu setzen, die uns in kurzer Zeit direkt ans Ziel bringt.
Wie ihr Name schon besagt, hängt die Gründung der Basilika mit der Person des heiligen Bischofs Dionysios zusammen. Unter Kaiser Decius (3. Jahrhundert) erlitt er den Märtyrertod auf dem Montmartre-Hügel. Er soll mit seinem abgeschlagenen Kopf bis zu seiner gewünschten Grabstätte, dem heutigen Pariser Vorort St. Denis, gegangen sein. An der Grabstelle folgte die Gründung einer Kirche durch die Heilige Genoveva. Die Kirche vergrößerte sich bald zu einer Abtei und wurde in den folgenden Jahrhunderten zum vielbesuchten Wallfahrtsort. Nach römischem Vorbild begannen bereits 754 unter Pippin die ersten Bauarbeiten, bis die Basilika mit Querhaus, Ostapsis und zwei Westtürmen im Jahre 775 fertiggestellt war.
Zu Beginn des 12. Jahrhunderts beschloß der damals leitende, ebenso tatkräftige wie einflußreiche Abt SUGER, das Gotteshaus zu vergrößern und vor allem zu verschönern. Er fügte zu der alten karolingischen, im romanischen Stil gehaltenen Basilika zwischen 1137 und 1143 entscheidende Neuerungen wie Chor, Gestaltung der Westfassade, Glasfenster und Vergrößerung der Krypta, hinzu. Selbst die entferntesten Künstler wurden von ihm mit der Ausschmückung beauftragt. Das ganze Volk soll unter seiner Bauleitung zusätzlich mit vollem Einsatz und Begeisterung beteiligt gewesen sein, niemand ließ sich von der emsigen Weiterarbeit abschrecken, auch wenn ab und zu jemand dabei vom Turm fiel!
In einer Art Tagebuchaufzeichnung, dem ‹Libellus de consecratione ecclesiae Santi Dionysii›, hielt Suger als erster in

Ehemalige Abteikirche Saint-Denis.
Aufriß der Langhauswand, nach Viellard-Troiekonroff.
(Reclam-Kunstführer)

der Geschichte der Architektur Gedanken und Geschehen während der Bauzeit in allen Einzelheiten fest. Wir wissen so zum Beispiel, daß der Chor, von dem heute leider nur noch der Chorumlauf original erhalten ist, in nur vier Jahren vollendet wurde.
Die Basilika empfängt uns bereits am Eingang mit einem Zeugnis der bahnbrechenden Änderung, die der Sugersche Baugedanke verursachte: an Stelle des einst schmucklosen und niedrigen Zugangs der Westfassade, hatte Suger drei Portale einbauen lassen, deren Säulen mit Königs- und Prophetenfiguren bereichert waren. Der Beginn der Portalskulptur war damit eingeleitet.
Am Hauptportal ist das Jüngste Gericht dargestellt; das darüberliegende Bogenfeld, das Tympanon, war ursprünglich mit Skulpturen geschmückt, die leider nicht mehr vollständig zu sehen sind (erhaltene Reste befinden sich im Louvre). Jedoch können die Nachfolger, Chartres und Notre-Dame mit ihren guterhaltenen Königsportalen eine sehr gute Vorstellung vermitteln, wie das Tympanon hier in St. Denis ausgesehen hat.
Die beiden Tympana der Seitenportale waren geschmückt mit Mosaiken, die heute durch Reliefs des 19. Jahrhunderts, die Legende des Heiligen Dionysios zeigend, ersetzt sind. Nord- und Südportal sind mit ihren Darstellungen der Monate und Tierkreiszeichen noch vollständig Zeugen der Suger-Zeit.
Im Innern der Basilika überlassen wir uns der stummen Zwiesprache mit dem Raum, der durch das Licht, die Architektur und die Ausstattung gestaltet und belebt wird. Bei näherer Betrachtung insbesondere des Chorumlaufes, erkennt man das hier noch in den Anfängen steckende Prinzip der optisch verdünnten und lichtdurchlässigen Innenwand, der aufgegliederten Fläche. Abt Suger riskierte mit seiner Idee, die Schwere der Mauern durch zierliche Säulen und Spitzbögen zu durchbrechen, an manchen Stellen zu viel: nach 50 Jahren bildeten sich die ersten Risse in den Mauern, bald darauf drohte Einsturzgefahr, die im folgenden Jahrhundert durch die Renovierungs- und Änderungsarbeiten des Architekten Pierre de Montreuil glänzend gebannt wurde.
So veranschaulicht die Basilika in einem interessanten Wechselspiel sparsamer Schattierungen die ineinander-

greifenden Berührungen des gotischen Prinzips von der Herkunft bis zur Blüte.
Während der Revolution ist auch hier sehr viel zerstört worden, und unter Napoleon entstanden reichlich danebengegriffene Renovierungen. Erst dem bekannten Baumeister Viollet-le Duc verdanken wir es, daß der Basilika ihre ursprüngliche Form zurückgegeben werden konnte.
Es bleibt zu fragen, ob je wieder der zweite Turm, der durch sein Fehlen die äußere Harmonie beeinträchtigt, ersetzt werden kann.
Der Tradition nach fanden bis ins 17. Jahrhundert hinein die französischen Könige und ihre Angehörigen in dieser Basilika ihre letzte Ruhestätte. Es würde zu weit in die Geschichte Frankreichs zurückführen, sich jetzt eingehend mit diesen Persönlichkeiten zu befassen. Es ist jedoch interessant, beim Gang durch die Kirche die gegensätzlichen Grabmäler nacheinander zu betrachten: man findet von sparsamverhaltenen Steinplatten bis hin zu pompösen, (beinahe schon peinlich wirkenden) überhöhten Portraitdarstellungen, reichliche Entwurfsergebnisse (53 an der Zahl!).
Der Krypta sollte man unbedingt einen Besuch abstatten, denn dort findet sich die älteste Bausubstanz der Basilika. Wendet man das Auge zum Abschluß noch einmal den Fensterrosen zu, so erkennt man – wie überall –, wie das gotische Element Einzug hält und die Romantik verabschiedet zugunsten einer eigenständigen, abwechslungsreicheren und schmuckvolleren Aussagekraft.

BIRGID LORD

DOPPELBETTEN FÜR DIE EWIGKEIT

Der Friedhof Père Lachaise

Wer den Père Lachaise betritt, der wird von einem der Friedhofswärter in Empfang genommen. Dieser Charon fordert einen Obulus für den Plan, den er dem Besucher in die Hand drückt: ein „Lageplan," auf dem die Ruhestätten berühmter Toter wie die Felder eines Lottoscheins angekreuzt sind.
Diesen Plan steckt man am besten gleich in die Tasche und hebt ihn dort fürs Photoalbum auf. Die Toten wollen überraschen und verbergen sich oft erst in zweiter und dritter Reihe auf dem Gräberfeld, das in sogenannte Divisionen eingeteilt ist. Es gilt, durch Zufall auf sie zu stoßen und sie plötzlich zu entdecken, zwischen Neogotik und schmachtenden Engeln aus Granit.
Die verschiedenen Gräber geben in ihrer Gestaltung Marotten und Schwächen der Lebenden wieder, der Père Lachaise ist eine Nekropole in der Metropole Paris.
Das Grab des Schauspielers Talma (1763 – 1826), der einiges Aufsehen an der Comédie Francaise erregte, ist ein kleiner Vorgarten zu seinem unterirdischen Domizil. Diesen Typus Grab gibt es öfters.
La Fontaine: noch immer krächzt der Fabelrabe dem Käse hinterher. Molière nebenan spielt Scapin. Jedem Orkan scheinen die ewigen Lichter zu widerstehen. Selbst dort, wo die Totenhäuser schon zerschlagene Scheiben haben, flackert es noch rötlich. Wann und von wem werden die Plastikbecher mit den Kerzen erneuert? Ich sehe mehr Pilger, die – mit Reiseführer und Kamera bewaffnet – offenbar Touristen sind, weniger aber trauerndes Schwarz.
Proust hat die verlorene Zeit gefunden. Sein Grabstein gleicht einem klotzigen Briefbeschwerer aus Marmor mit Goldgravur.
Oscar Wilde: exzentrisch, wie die Biographie es will, ist auch ein Grabstein. Ein Sarkophag wird rücklings durch die Lüfte getragen von ägyptischen Gottheiten mit stromlinienförmiger Figur aber mit beträchtlichen Geschlechtsteilen, die die Windschlüpfrigkeit scheinbar behindern, so daß der Sarg nie von der Stelle kommt – eine Skulptur des Bildhauers Jacob Epstein.
Zahlreich auf französischen Friedhöfen sind die Photos der Verstorbenen, angebracht neben ihren Namen. Jugendliches Lachen ist im Blitzlicht erhalten, um bald in ewiger Dunkelheit zu verschwinden.

Die Mahnmale sprechen für sich: die Namen Auschwitz, Theresienstadt, Ravensbrück, die darauf zu lesen sind, sind stigmatisiert genug. Lächerlich fast daneben die gefallenen Militärs, die sich nicht scheuten, ihre gesammelten Orden vom Revers abzunehmen und auf den Grabstein zu heften. Nun liegen einstige Generäle, Korporale stramm in der Division, in Reih' und Glied.
Wer den Graffitis und dem immer mal wieder aufblitzenden Monogramm J. M. folgt, der wird dort, wo sie immer dichter zu stehen kommen, auf – Insider wissen es bereits – das Grab Jim Morrisons stoßen, dem schon zum Mythos gewordenen Sänger der Doors. Wie eine Gallionsfigur schaut er da vom Stein herab, und eine Gallionsfigur ist er für die Fans.
Genauso kultisch geht es zu, wo Edith Piaf begraben liegt. Blumenüberschüttet die weiße Marmorplatte, umringt von Verehrern und Verehrerinnen. ‹Non, je ne regrette rien› – die Ärzte stellten die Piaf vor die Wahl: ein Ende des aufreibenden Sängerlebens oder ein früher Tod. Aber für sie war nur das Sängerleben Leben. In Belleville, dem Pariser Stadtteil, aus dem Edith Piaf stammt, hat man ihr einen Platz geweiht und ihr ein zierliches Denkmal errichtet, ein zweites „in memoriam."
Chopin ist unverändert populär. Eine Alabasterschönheit beweint ihn. Knipswütige scheuen vor nichts zurück, dies Bild der Trauer zu bannen und erklimmen auf pietätsloser Sohle das gegenüberliegende Grab zwecks besserer Perspektive. Dies aber ist das Grab Yvan und Claire Golls, das inzwischen ausgetreten ist wie eine Treppenstufe in Notre-Dame.
Claire Goll starb 1977 in Paris, 27 Jahre nach ihrem Mann Yvan. Ihre Gedichte gleichen Totengesängen auf den Geliebten und sind die rechte Untermalung für einen Gang über den Friedhof.
Viele Gräber sind kühle Doppelbetten. Wirklich merkwürdig sind jene benachbarten Grabsteine, aus denen Arme hervorragen, die sich einander entgegenstrecken, die sich Hände reichen mit untrennbar verschmolzenen Fingern. Seltsam amputiert sehen diese Arme aus.
Frische Blumen sind rar auf französischen Friedhöfen. Man muß schon eben gestorben sein, um welche zu bekommen. Später machen sie dann die Metamorphose zur

„Unser Grabrelief

Jede Mitternacht halt ich ans Herz
Deine rabenblaue Locke
Noch immer mit Starkstrom geladen
Trifft mich ihr elektrischer Schlag

Den Drosselpfiff mit dem du mich riefst
Übte ich mit Vogeljungen ein
Und als sie flügge waren
Riefst du mich durch sie aus allen Gärten

Im Film den ich von dir drehte
Huscht Orpheus' Schatten über die Leinwand:
Von den Krümeln dieses Schattens
Von etwas Zelluloid nähre ich mich

Man glaubt mich lebend weil ich mich bewege
Und ich bin doch längst zu Bronze erstarrt
Mit dir vereint im Relief von Chagall
Über unserem Doppelbett aus Stein"

Claire Goll aus: Claire und Yvan Goll.
Die Antirose.
München/Wiesbaden. 1967

Emailleblume oder zum Steingewächs durch. Zuweilen vereint sich Efeu mit schmiedeeisernen Ranken.
Balzac wirft einen launigen Blick in die Runde. Endlich die Gläubiger los, stets unwirsch, wie von Rodin geschaffen. Um ihn versammelt liegen alle Gestalten, die seine Comédie Humaine bevölkern: Pariser, Franzosen, Rubemprés und Goriots von hohem und niedrigem Stand.
Die Grabaufschriften sind große Namenskunde und die Jahreszahlen „von ... bis ..." bieten der Phantasie Jahre und Jahrzehnte an, um sie mit möglichen Lebensschicksalen zu füllen. Die eigenen Probleme erscheinen mir stets so unbedeutend in Gesellschaft dieser fertigen Lebensläufe. Ich streiche gern hier herum, manchmal um dem Trubel, der Hektik, dem Chaos, dem Leben von Paris zu entfleuchen.

UNDA HÖRNER

„FALSCHE HIMMEL“ AUS STAHL UND GLAS

Einführung in das Wesen und Leben der Pariser Passagen

„Schon damals war ich für diesen falschen Himmel aus Stuck und schmutzigem Oberlicht empfänglich, für diese künstliche Nacht, die nichts wußte von der Dummheit des Tages und der Sonne da draußen. Mit falscher Gleichgültigkeit zeigte ich mich an den Eingängen der Passagen, wo das letzte Mysterium begann, die schwankenden Fahrstühle, die zu den Beratungsstellen für Geschlechtskrankheiten fahren würden und wohl auch zu den vermeintlichen Paradiesen in oberster Höhe, mit ihren Damen von unmoralischem Lebenswandel, wie sie in den Tageszeitungen genannt wurden ...".

aus: Julio Cortázar.
Das Feuer aller Feuer.
Frankfurt/M. 1976.

Wir, die wir in Fußgängerzonen und Einkaufszentren großgeworden sind, können uns kaum noch vorstellen, welche Sensation die Passagen im Stadtbild gewesen sein müssen: glasüberdachte Gänge zwischen Häuserkomplexen, Schaufenster, Vitrinen mit üppigen Auslagen, Ladenschilder, die sich in Phantasie zu übertreffen suchten, das war ihr Interieur. Dies Eldorado für Flaneure ist dieser Tage wieder „fashionable," moderne Stadtarchitektur bezieht die Passage ein, aber den Reiz der Archetypen des 19. Jahrhunderts hat keine von ihnen.
Was sich schon in den Seitenfassaden des Odéon und in den Arkaden des Palais Royal ankündigte, erfuhr in den Jahren 1790 – 1860 seine Ausprägung: Passagen und Galerien entstanden als neuer öffentlicher Raum, als Platz für die Ausbreitung der Waren gesteigerter Industrieproduktion, als lichte Manifestation der neuen Stahl-Glas-Bauweise.
Von den 29 Passagen, die J. F. Geist in seiner ausführlichen Dokumentation angibt (Titel siehe unten), existieren nurmehr zehn in nahezu unverändertem Zustand. Viele sind verkürzt, gesperrt oder abgerissen worden, als das Leben sich auf die von Haussmann angelegten Boulevards verlagerte und die Passagen sich entvölkerten.
Atmosphärisch entsprechen und entsprachen sie ihrer Umgebung. Belebt wie zu Zeiten Offenbachs, der dort sein Theater hatte, ist immer noch die Passage Choiseuil (Métro: 4-Septembre), geschäftig ist die Rue des Petits-

Champs, auf die sie gen Süden führt. Ich bin hier auf ganz ausgefallene Kleidungsstücke zu gar nicht so ausgefallenen Preisen gestoßen.
Vorbei an der Bibliothèque Nationale – es lohnt ein Blick hinein; hier hat Walter Benjamin am „Passagenwerk" gefeilt – kommt man zur Galerie Vivienne. Sie mag Architekturbegeisterte einnehmen. 1824 fertiggestellt, reich an Stuck, Empirestil, eine Rotunde im Innern, den Passanten umspielt hellgelbes Leuchten, belebt es sich hier seit einigen Jahren wieder. Viele Läden wurden renoviert.
Die parallele Galerie Colbert hat abgestoßene Arme. In ihrem zentralen Kuppelraum befindet sich ein KFZ-Garage. Die Bauprinzipien der Passage präsentiert noch recht gut die Galerie Véro-Dodat (Métro: Palais-Royal oder Louvre). Ihre 2 x 19 Ladenfassaden sind streng einheitlich: in Messing gefaßtes dunkelrotes Holz, Palmenfriese, Fenster nach oben abgerundet, erblindete Spiegel, gesäumt von Säulchen mit korinthischen Kapitellen. Der Boden ist ein diagonal angelegtes Schachbrett aus Marmorkacheln, auf denen die Schritte hallen. Das Eigenleben der Passage ist schwächlich. Bekannteste Adresse: der Laden des Puppenhändlers Robert Capia. Vielleicht aber ist es gerade hier in dieser kathedralenartig stillen und düsteren Passage, wo sich das „letzte Mysterium" spüren läßt.
Zentren der Geschäftigkeit: die Passagen Verdeau, Jouffroy und Des Panoramas. Insgesamt 400 Meter Passage sind der direkteste Verbindungsweg zwischen der Rue du Faubourg Montmartre und der Rue Feydeau, aber der geradlinigste Weg wird zum zeitraubendsten. Der Zielstrebigste wird zum Tagedieb in den Boutiquen links und rechts, wo es lohnt, nach Merkwürdigkeiten zu fahnden. Der Spaziergang beginnt oder endet im rosa Teesalon am Nordende der Passage Verdeau. Giftigsüße Spezialitäten des Morgenlandes, erstanden in der Passage Jouffroy, machen noch bei Einkäufen im gegenüberliegenden Antiquariat die Zunge schwer.
Die Passage Jouffroy war wohl der erste der Öffentlichkeit zugängliche geheizte Raum, Gitterrosten im Boden entströmte warme Luft. Es ist ein trockenes Flanieren auf Marmorfliesen, die Passage hat vor allem bei Regen Saison. Während eines feuchten Herbstes in Paris habe ich durch Zufall die Passage Verdeau als erste ihrer Art entdeckt,

überrascht, die vermeintliche Toreinfahrt so anheimelnd zu sehen und habe dann nicht mehr herausgefunden aus dem Labyrinth von Gängen, die sich in ungeahnte Weiten als Hinteraufgänge und Treppenhäuser verzweigen.
Die Passage des Panoramas bot einst den Luxus von Cafés und Billards, ferner den jener gemalten „Panoramas," die dem Flaneur von einem Balkon aus die Fata Morgana einer idyllischen Landschaft vorgaukelten. Sie waren eine Attraktion für die Passanten. Verlustierungen und gute Geschäfte waren hier. Einige haben sich gehalten über Jahrzehnte: *„Eilen wir schnell am Schuhgeschäft und am Handschuhladen vorbei, um bei „Susse" zu verweilen, dem Mode-Papier-Geschäft der Passage. Hier gibt es die ausgefallensten Dinge. Suchen Sie mechanische Bilderrahmen, hübsche Souvenirs? Steht Ihnen der Sinn nach Schmuckkästen, Schreibtischgarnituren oder benötigen Sie ein Pult mit Geheimfächern oder Etuis für Visitenkarten? Sie brauchen nur zu wählen, Madame."*
(Montigny, zitiert nach J. F. Geist.)
Östlich, im Industrieviertel, parallel zur Rue Réaumur, verläuft die Passage du Caire. Spürbar ist bis jetzt, daß sie ursprünglich die „Heimat" des Imprimeriegewerbes gewesen ist. Stempel oder Visitenkarten, Farbdrucke und ähnliches gibt es hier – und durchs Schaufenster kann man bei der Anfertigung zusehen.
An den Fenstern der nahen dreigeschossigen Passage du Grand Cerf – das war eine Neuerung im Passagenbau – wird ersichtlich, daß die Privatwohnungen sich erst im 2. Stockwerk befinden. Darunter nämlich sind Werkstätten, die über dem Glasdach durch kleine Brücken verbunden sind.
„Es ist unheimlich, wenn man plötzlich oben im Glasdach einen als schwarzen Schatten erscheinenden Menschen über eine der Brücken gehen sieht, und es ist verständlich, warum Louis Malle die Passage du Grand Cerf gewählt hat, um in ihr seinem Film „Zazie dans le Métro" eine Verbrecherjagd spielen zu lassen."
(zitiert aus J. F. Geist, Seite 273).
Die Belletristik bedient sich immer wieder der Passagen als Kulissen. So wie Venedig das Morbide wiedergibt, spiegelt die Passage einen Mikrokosmos, in dem ein jedes Geschehen seine eigene Dynamik hat, wo andere Gesetzmäßig-

keiten gelten, als in der übrigen Welt. Das Leben der in den 20er Jahren abgerissenen Passage de l'Opéra, die dem Durchbruch des Boulevard Haussmann zum Opfer fiel, ist erhalten in LE PAYSAN DE PARIS von Louis Aragon (Folio 782; deutsch bei Rogner & Bernhard).
Die Passage des Panoramas wird minutiös beschrieben von Montigny in LE PROVINCIAL A PARIS und streckenweise in Zola's NANA (Folio; deutsch Insel-TB 398).
Auffällig ist, daß alle genannten Passagen sich auf dem Rive droite befinden – natürlich: in dem traditionellen Geschäftsviertel mit Hallen und Börse. Die einzige Passage des Rive gauche stand bis 1913 dort, wo heute die Rue Jacques-Callot entlangführt. Es war die Passage du Pont Neuf, deren Düsternis Zola in seinem Roman THERESE RAQUIN episch verwendet (Folio 1116).
Das bei weitem – wenigstens namentlich – bekannteste Oeuvre ist Walter Benjamins „Passagenwerk" (Suhrkamp-TB, Neue Folge 1200), eine unvollendete Zusammenstellung von Fragmenten und Quellen zum Thema, vor allem interessant unter kultur- und sozialgeschichtlichem Aspekt. Weitgehend unbekannt ist die Erzählung „Der andere Himmel" des Argentiniers Julio Cortázar, erschienen im Erzählungsband DAS FEUER ALLER FEUER (Suhrkamp-TB 298) – das Passagenviertel erscheint als „geheimes Vaterland."
Die wohl ausführlichsten Informationen über Architektur, Geschichte, literarische Verarbeitung der Passage, reich an Photographien, Grundrißzeichnungen und Quellen (die ich zum Teil zitiert habe), bietet die 560 seitige wissenschaftliche Abhandlung von Johann Friedrich Geist PASSAGEN. EIN BAUTYP DES 19. JAHRHUNDERTS (Prestel. 1979). Das Phänomen Passage wird ab ovo beschrieben, nachgerade spannend ist, wie sie sich aus dem orientalischen Bazar entwickelt hat. Geist beschränkt sich nicht auf Paris, sondern hat ca. 300 Passagen auf der ganzen Welt aufgespürt.

UNDA HÖRNER

FEUCHT-HEISS IM FÜNFTEN ARRONDISSEMENT

Ein Besuch im türkischen Bad der Pariser Moschee

Sollte einmal der Tag kommen, an dem man so richtig Lust hat, sich vor dem an- und aufregenden Paris zurückzuziehen, um sich von Grund auf zu entspannen, wenn weder Straßencafé noch Parks einem mehr Zuflucht geben, dann mache man sich auf in die Rue Geoffrey-St. Hilaire!
Nicht ohne sich zuvor mit Seife, Shampoo und großflächigen Handtüchern auszurüsten. Wer darüberhinaus noch über einen Massagehandschuh verfügt, ist sozusagen perfekt und wird ohne Schwierigkeiten Eintritt finden in das, was ihn für Stunden aufnimmt wie eine ungewohnte Insel.
Vom sonstigen Straßenbild ganz eigenwillig abgehoben ist die Moschee, an deren weißgetünchten Mauern man entlanggeht, bis ein lauschiger, von üppigen Pflanzen bewachsener Innenhof einen regelrecht zum Eintreten auffordert. Ein abenteuerlicher Duft von Pfefferminze, Kräutern und süßem Gebäck dringt dem Besucher leicht entgegen, der dann hinter der eigentlichen Eingangstür zu einem wahren Erlebnis wird. Stimmengewirr, Plüsch, kupferne runde Tische, Gläsergeklapper, orientalische Musik: die Teestube der Moschee.
Man halte sich links, bis ein Mann mit Turban das Eintrittsgeld kassiert für das eigentliche Ziel: den Hammam. Es folgt ein kleiner Flur mit Spiegel, dann schleuse man sich durch die schweren roten Wollvorhänge, und schon schlägt einem wohlige Wärme entgegen, die Konturen verwischen sich, man blickt in einen Raum, der einem sofort Assoziationen aufdrängt an Ingrès und Tausendundeinenacht. Viel Marmor, ein sanft plätschernder Springbrunnen, Körper, Fleisch, Stoffe, Muße, der Duft von Badeölen.
Zwei Frauen – die eine barsch, die andere ein Lied trällernd – organisieren das Ganze, eine dritte an der Garderobe, die in gewissen Zeitabständen mit süßem Tee und Orangen herumgeht, um die Gäste zu erfrischen. In diesem Ruhe-Raum sucht man ein freies Lager, legt die Kleider ab und beginnt seinen Gang in die Dusch- und Massageräume.
Zum feuchten Schwitzen stehen drei verschieden-temperierte Räume zur Verfügung; das Maximum: 90 Grad.
Eine stämmige Masseuse steht für die Extra-Massagen bereit (gegen Aufpreis möglich), und wer Neuling ist, beobachte die am Habitus sofort erkennbaren Stammgäste, die ganz von selbst zeigen, was alles zu tun ist.

Die Zeit scheint hier stillzustehen, man vergißt viel und kann sich am Abend erfrischt und ausgeruht ins Pariser Nachtleben stürzen.
Da die Moschee schon ziemlich alt ist, sind alle Räumlichkeiten mit einer Patina überzogen. Es herrscht keine sterile Sauberkeit und rote Henna-Pfützen am Marmorboden muß man großzügig in Kauf nehmen. Für alle, die da penibel sind, sei dieser Hinweis eine Warnung! Es gibt jedoch keinen anderen Hammam in Paris, der ein solch pittoreskes Ambiente aufweisen kann wie der in der Moschee.
Die angrenzende Teestube (mit Restaurant im hinteren Zimmer) ist in ihrer Art so schön, daß man sie – ob Hammam oder nicht – öfters aufsuchen sollte.
Die Moschee selbst, mit Gebetshäusern und Innenhof, ist nur im Rahmen einer Führung zu besichtigen.

BIRGID LORD

Hammam de la Mosquée
39, rue Goeffrey-St. Hilaire

Öffnungszeiten:
Für Frauen: Montag, Donnerstag, Samstag 11 – 17 Uhr
Für Männer: Freitag und Sonntag 11 – 17 Uhr

Der Eintritt kostet rund FF 40,–

Ein zweites türkisches Bad, diesmal im Judenviertel:

Hammam St. Paul
4, rue des Rosiers

DAS KUNTERBUNT VON MENSCHEN INMITTEN ALL DER PRACHT

Ein nächtlicher Spaziergang von der Place de la Concorde die Champs-Elysées hinauf

Die Place de la Concorde ist tagsüber grau und übersät von hupenden Autos, die sie in furchterregender Weise überqueren. Am Abend wird sie märchenhaft: durch all die angezündeten Lampen und durch die sie umgebenden Gebäude und Straßen, die ebenfalls erleuchtet aus der Dunkelheit hervortreten. Der schönste Platz von Paris entfaltet für den späten Besucher seinen ganzen Reiz.
Man steigt aus dem unwirtlichen Métroschacht hinauf auf die Empore, die den Tuileriengarten abschließt und läßt sich von der Weite des Platzes gefangen nehmen. In der Mitte ragt rosa der 22 m hohe Obelisk empor, den Ramses II. im 13. Jahrhundert v. Chr. anfertigen ließ. 1831 kam er als Geschenk Ägyptens an Louis-Philippe auf einem eigens für ihn gebauten Schiff nach Frankreich. Die Hieroglyphen, mit denen er bedeckt ist, muten seltsam und fremdartig an inmitten dieses Platzes, der einem sonst so typisch französisch erscheint.
Der Blick schweift – man mag sich drehen und wenden, wie man will, es gibt überall etwas Interessantes zu sehen. Links leuchtet die Kuppel des Palais Bourbon vom anderen Seineufer herüber. Schaut man geradeaus, bleiben die Augen erst nach drei Kilometern Weges die Avenue des Champs-Elysées hinan am Arc de Triomphe hängen; der Begriff „Prachtstraße" füllt sich bei dieser Ansicht mit Leben! Rechts passieren die Augen gleich eine ganze Reihe illustrer Gebäude. Die Kronleuchter des Hotel Crillon blinken durch die Fenster dem Betrachter entgegen; neben dem Hotel öffnet sich die Rue Royale, die direkt auf die Madeleine stößt. Vielleicht verläßt man doch einmal seinen Aussichtspunkt, um hier zu lustwandeln: es gibt die Auslagen teuerster Boutiquen ebenso zu bewundern wie ausgefallene Arrangements im Blumenladen von Pierre Cardin, gleich neben dem nun wirklich berühmten „Maxim's", das mit seiner roten Markise jedoch unscheinbar aussähe, gäbe es nicht den Türsteher in Livrée, der den ankommenden Gästen aus den eleganten Wagen hilft. Folgen kann man den Herren und Damen leider nicht, auch nicht für einen kurzen Blick ins Innere. Deshalb geht man am besten wieder zurück auf die Place de la Concorde und begibt sich nach rechts zu weiteren Entdeckungen. Wieder das Hotel Crillon, dessen Innendekor sehenswert ist, diesmal aus nächster Nähe. Hier kann man es wagen einzutreten,

bevor man draußen an frischer Luft den Spaziergang fortsetzt.
Vor der amerikanischen Botschaft halten Polizisten Wache, die die Fußgänger auf das gegenüberliegende Trottoir verweisen. Die kleine Straße, an deren Beginn man nun steht, ist nach dem Architekten der Place, Gabriel, benannt. Sie erfreut sich auch nachts eines besonderen Zulaufs. Pierre Cardin (ihm gehört fast das halbe Viertel!) hat hier ein Theater mit angrenzendem Restaurant eröffnet. Trotz schlechten Essens zu horrenden Preisen frequentieren Modeschöpfer und Schauspieler das Etablissement, um sich die Mägen zu füllen.
Ein paar Häuser weiter, im wunderschönen Pavillon Gabriel, finden Empfänge oder Galamodenschauen statt. Aus den Fernsehstudios im Haus Nummer 9 wird Samstag abend eine Show mit dem Titel ‹Champs-Elysées› ausgestrahlt, in der viele internationale Stars auftreten. Wer zur Zeit eines Sendetermins hier vorbeikommt, wird mindestens einen Rolls-Royce neben anderen Superschlitten und vielleicht auch einen illustren Studiogast zu sehen bekommen.
Doch genug vom Luxus – genießen wir lieber den langen Spaziergang auf den Champs-Elysées, der uns jetzt erwartet.
Zur Ruhe kommt diese Straße auch in der Dunkelheit nicht, aber das „Fußvolk" hat gewechselt. Statt eleganter Damen mit großen Einkaufstaschen und Herren mit Aktenkoffern sieht man jetzt Breakdancer in den Ladenpassagen. Verliebte schauen sich beim Hamburger in die Augen oder schmiegen sich in einer der ellenlangen Kino-Warteschlangen aneinander. Bettler halten überall die Hand auf, Touristen ziehen in Scharen umher und bestaunen dies alles mit großen Augen.
Auch die Seitenstraßen der „Champs" sind belebt: gestylte Söhne und Töchter reicher Familien eilen in die Topdiskotheken der Stadt, in die kein „normaler" Mensch hineinkommt, andere strömen in Restaurants und Bars. Das Lido nimmt zweimal nächtlich tausende von Fremden auf, für die ein Parisbesuch ohne diese Show der nackten Brüste und des French Cancan nicht komplett ist.
Wir gehen an all dem vorüber, wechseln hier und da das Trottoir, betrachten immer wieder das Kunterbunt der

Menschen. Vielleicht bleiben wir in einem der Cafés eine Weile sitzen, um einen späten Espresso zu trinken, die Zeitung zu lesen – oder um die vorübergehenden hübschen Mädchen zu betrachten ... und werden dabei ganz allmählich den Franzosen ähnlich, die es genauso halten ... hier, wo Paris zugleich pariserisch und weltstädtisch ist.

REGINA RUNHOF

AUSFLUG
ZU EINEM
UNGEWÖHNLICHEN
HORT DER KUNST

Ein Besuch
im Schloß von Chantilly

Ebenso schön wie die Stadt Paris ist auch ihre Umgebung, die alle diejenigen unbedingt ein wenig entdecken sollten, die etwas Zeit für ihren Aufenthalt mitgebracht haben oder Paris schon ganz gut kennen.
Ein wunderbarer, viel zu selten unternommener Ausflug führt nach Chantilly (die gleichnamige ‹Crème› kommt tatsächlich daher), das nur wenige Kilometer entfernt im Norden der Stadt gelegen ist. Täglich fahren mehrere Züge vom Gare du Nord ab, mit denen man nach etwa 45 Minuten sein Ziel erreichen kann.
Zunächst spaziert man durch das nach der Pariser Hektik unglaublich verträumt wirkende Städtchen Chantilly mit seinen verwinkelten und vergiebelten Häusern, bis man den Weg zum Schloß einschlägt, das die Hauptattraktion des Ortes ist. Hinter einem großen Torbogen öffnet sich plötzlich der Blick auf immense Wälder, auf einen von Le Notre wohlangelegten Park, und schließlich auf den in einem Wasserbecken sich spiegelnden Schloßkomplex selbst, dessen Accessoires, wie beispielsweise eine Zugbrücke, an eine Ritterburg erinnern. Die großen Gebäude zur Rechten, die Grandes Ecuries, erweisen sich als ehemalige Stallungen für die berühmten Rennpferde von Chantilly und sind heute ein Pferdemuseum.
Nach und nach bemerkt man von dem erhöhten Standpunkt aus das hier vor sich gehende Treiben – Besucher fahren mit dem Auto durch das Tor und parken irgendwo in den Anfängen des Waldes, wo auf einem großen Parkplatz ganze Familien picknicken. Kinder stehen an einer Bude Schlange, an der Waffeln und Eis verkauft werden. An Wochenenden und bei schönem Wetter kommen viele hierher in die Natur, nur wenige Besucher betreten das Schloß selbst, das jedoch Hort einer wertvollen und hervorragenden Kunstsammlung ist.
Die Geschichte des Schlosses und seiner wechselnden Besitzer spiegelt französische Geschichte wieder. Es sprengt den Rahmen dieses Artikels, alle großen Männer aufzuzählen, die hier gebaut haben, was in den Wirren der Revolution zum größten Teil wieder zerstört wurde. Zu erwähnen sei nur der Herzog von Aumale, der vierte Sohn des Königs Louis-Philippe und letzter Eigentümer des Schlosses. Gezwungen, Ambitionen auf eine militärische Karriere aufzugeben, widmete er sich nämlich nur noch

ästhetischen Neigungen. Er wollte Chantilly zum Spiegel französischer Kunst und Kultur seiner Zeit machen und trug all diese Bilder und Objekte zusammen, die wir heute hier bewundern können. Zum Teil baute er auf schon vorhandenen Sammlungen seiner Verwandten auf, vergrößerte die Bestände jedoch beträchtlich. 1886 übergab der Herzog das Anwesen und seine Kunstbestände dem Institut de France, das heute das Museum verwaltet.
Der Besucher kann sich zunächst im Rahmen einer Führung die ehemaligen Wohnräume der Herzöge von Aumale ansehen; allein darf man diesen Teil des Schlosses nicht betreten, leider ist jedoch die Führung furchtbar hektisch, denn die ganze Gruppe darf sich immer nur in einem Raum aufhalten. Man sieht wenig und hat zudem den Eindruck, daß oft gerade das Uninteressanteste in auswendig gelernten Sätzen (und natürlich nur auf französisch) erklärt wird. Es geht vor allem um Mobiliar und Porzellan, jedoch besichtigt man auch flüchtig die Bibliothek, in der 3.000 Manuskripte hinter Glas aufgestellt sind. Einige von ihnen sind von unschätzbarem Wert, so wie die berühmten „Stundenbücher des Herzogs von Berry." Hier wünscht man sich ein wenig länger verweilen zu dürfen, die Titel auf den alten Lederrücken der Bände zu entziffern, die wenigen ausgestellten Handschriften und ihre Malereien genauer zu betrachten – doch unerbittlich ruft der Führer in den nächsten Raum.
Die Bücher sowie viele aus Platzmangel gar nicht ausgestellte Gemälde und Zeichnungen kann man auf spezielle Anfrage und bei Begründung des Interesses (zum Beispiel Forschungsarbeit) einsehen; dazu muß man sich einige Zeit vor dem beabsichtigten Besuch am besten schriftlich an die Museumsleitung oder an den Chefrestaurator wenden (Adresse: Domaine de Chantilly, 17, rue du Connétable, 60 500 Chantilly. Tel. (4) 457 00 72).
Ruhe hat der Besucher für die Besichtigung der Gemäldegalerien, die so umfassend sind, daß man zwischendurch unbedingt auch einmal den Park aufsuchen sollte, um sich nicht allzusehr zu ermüden. Raffael, Poussin, Watteau, Delacroix, Ingrès, Van Dyck und viele andere Maler sind an den dichtbehängten hohen Wänden vertreten; zum Teil sind ganze Serien von Bildern der verschiedensten Malschulen, vor allem aber französischer, italienischer und flä-

mischer Herkunft zu sehen. Schätze wie Dürersche und Rembrandtsche Radierungen sind nur in den Buchveröffentlichungen des Museums zu bewundern; besondere Liebhaber sollten sich jedoch auch hier um eine Genehmigung zur Privatansicht bemühen.
Seit 1984 versuchen die ‹Amis du Musée de Chantilly›, neues Leben in die alten Gemäuer des Schlosses zu bringen. Sie veranstalten Konzerte oder Vortragsabende, die für ihre Mitglieder kostenlos sind. Für Studenten empfiehlt es sich unbedingt, Mitglied der Vereinigung zu werden, der Jahresbeitrag kostet nämlich nur FF 20,–. Bedenkt man, daß der Eintritt in Schloß und Park, der mit der Karte ebenfalls kostenlos ist, beim Einzelbesuch schon FF 17,– beträgt, (außer für Studenten der Pariser Kunstakademien, die nichts bezahlen), lohnt sich die Mitgliedschaft schon ab zwei Visiten.
Das Museum ist außer Dienstag im Sommer täglich von 10.30 bis 18.00 Uhr, im Winter bis 17.00 Uhr geöffnet. Neuerdings soll es auch eine Cafeteria geben, ein Umstand, den ich jedoch nicht nachprüfen konnte.
In Chantilly gibt es eine Reihe kleiner Gasthäuser, in denen man relativ billig übernachten kann, wenn man sich an einem Tag noch nicht sattgesehen hat und das Hin- und Herfahren nach Paris vermeiden will. Vier Adressen seien als Anhaltspunkte aufgeführt:

AUBERGE DU LION D'OR
44, rue du Connétable Tel. 457 03 19
Doppelzimmer etwa FF 100,– bis 130,–

HOTEL DU CHATEAU
22, rue du Connétable Tel. 457 02 25

HOTEL D'ANGLETERRE
5, place Omer Vallon Tel. 457 00 59
Doppelzimmer etwa FF 90,– bis 140,–

HOTEL ETOILE
3. av. Maréchal Joffre Tel. 457 02 55

REGINA RUNHOF

KLEINE EINFÜHRUNG IN DIE FRANZÖSISCHE UMGANGSSPRACHE

I. GRUNDWORTSCHATZ

ein Typ	un mec, un gars
'ne tolle Biene	une nana
1000 Francs	un brique
10 Francs	dix balles
Kohle	le fric
„in sein"	être branché
„out sein"	être debranché
ich schnall' ab!	je débranche
widerlich	dégueulasse!
'n Dings da	un truc, un machin (immer einzusetzen, wenn die Vokabel fehlt)
Kumpel	un pote
Kneipe, Disco	une boite
die Maloche	le boulot
Schmöker	un bouquin
spazierengehen	se balader
schuften	bosser
'n Riesenhit	un tube
die Uni	la fac
Mensa	Le resto-U (le resto-Ü)
Mädchen aufreißen	draguer les nanas
Zigarette, Kippe	un club
Laß' mal Luft ab!	Dégonfle-toi!
süß, toll	chouette
irre!	super!
Klo	les chiottes
Ich hab die Schnauze voll!	j'ai ras le bol! j'en ai marre!
Paß auf!	Fais gaffe!
jemanden versetzen	poser un lapin
geradeaus	tout droit
essen	bouffer
abhauen	foutre le camp
etwas trinken	boire un pot

II. ZUR SELBSTVERTEIDIGUNG

Hau ab!	Tire-toi Retourne chez ta mère! Va te faire foutre! Va te faire enculer! Lâche-moi les basquettes! Fiche-moi la paix!
Maul!	Ta gueule!
Du spinnst wohl!	T'es complètement cinglé, quoi?
Hör'auf mit dem Quatsch!	Arrête tes conneries!
Du kotzt mich an!	Tu me fais chier!
Du langweilst mich!	Tu m'emmerdes!

III. FLÜCHE

Verflucht!	Zut!
Scheiße!	Merde! Putain!
Schuft!	Salaud!
Schlampe!	Salope! Conne!
Absoluter Schietkerl!	Con! Pauvre con! Sale con! (die nochmal. Steigerung!)

Anmerkung: besonders Touristinnen, die nachts auch mal ungestört in Paris herumlaufen wollen, die sich in der Métro nicht jede Hand am Po gefallen lassen und die überhaupt ihre Ruhe haben wollen, wird das Auswendiglernen einiger dieser saftigen Sprüche aus den Rubriken II. und III. dringend anempfohlen!

IV. IN DER ANWENDUNG

Vor dem Brunnen bei St. Michel
Un mec, une nana

Mec: T'as pas un club pour moi?
Nana: Hmm ... Voilà ...
Mec: Merci ... t'es super!
Nana: T'veux du feu?
Mec: Hmm ...

Alors, qu'est-ce qu'on fait?
Nana: J'pas moi ...
Mec: ... on boit un pot?
Nana: J'ai pas d'fric, t'sais.
Mec: ... bon ben ... je t'invite!
Nana: T'sais, t'es vachement gentil ...

Im Café

Nana: Chouette ici ...
Mec: Qu'est-ce qu't'veux?
Nana: Un coca!
Mec: Un pastis!

Nana:	Qu'est-ce qu't'fais dans la vie, toi?
Mec:	J'bosse dans une boite ... au bar ...
Nana:	Oooaoaoaw! T'as un boulot?
	... T'es bien payé?
Mec:	*(mit Nonchalance)*
	3OOO miles balles ...
Nana:	OOOOoooaoaoaow! ... T'es riche, toi!!!
	T'as une copine?

Mec:	*(auffahrend)*
	Merde! ... Qu'est-ce qu't'veux?
	Laisse moi tranquille!!!
Nana:	*(genervt)*
	O là là, dégonfle-toi!
	T'ma pas draguée, toi?!?
Mec:	*(mürrisch)*
	je t'demandé un club ...
Nana:	Eh, ben ... je t'demandé,
	si t'as une copine ...

Mec:	*(jetzt wirklich auf 180)*
	Parce qu' j'ai d' fric, non?
	T' m'enerves, t' sais ...
Nana:	*(springt vor Wut auf)*
	Et toi, t' me fais chier!
Mec:	*(kann daraufhin nicht sitzen bleiben)*
	(drohend)
	Tire-toi, où j't' casse la gueule!!!
Nana:	*(im Weggehen)*
	Pauv' con!
Mec:	*(murmelnd)*
	Salope ...

PARIS INFORMATIONEN

ÄRZTLICHE HILFE

NOTÄRZTE

– Permanence des soins	Tel.	45 42 37 00
– A. U. M. P.	Tel.	48 28 40 04
– SOS Médecins	Tel.	43 37 77 77
	Tel.	47 07 77 77
– Garde syndicale des Médecins à Paris	Tel.	45 33 99 11

KRANKENWAGEN

Bureau central des ambulances	Tel.	43 78 26 26

PSYCHIATRISCHE HILFE

Urgence Psychatrie	Tel.	47 07 77 92
		43 29 20 20

KINDERKRANKENBETREUUNG

Necker-Enfants malades 149, rue de Sèvres	Tel.	42 73 80 00
– St. Vincent de Paul 74, av. Denfert-Rochereau	Tel.	43 20 14 74
– Trousseau 26, rue du Dct. Netter	Tel.	43 46 13 90
– Bretonneau 2, rue Carpeaux	Tel.	42 26 40 40

VERGIFTUNGEN

– Hôspital Fernand Vidal Ständig ärztliche Beratung per Telefon	Tel.	42 05 63 29

KRANKENHÄUSER

– Hôtel Dieu Place du Parvis Notre-Dame	Tel.	42 34 82 34
– Hôpital International 42, bd. Jourdan	Tel.	45 89 47 89

CARDIOLOGIE

– SOS-Cardio	Tel.	45 45 41 00

Alle hier aufgeführten Notfalladressen sind auch an Wochenenden Tag und Nacht zu erreichen.

Weitere Anschriften für weniger dringende Fälle:

– CENTRE MEDICAL M.G.E.N. 34, place Raoul-Dautry	Tel.	43 20 12 22

Ärzte aller Fachrichtungen. Vorher telefonisch einen Besuchstermin ausmachen. Die Behandlung wird an Ort und Stelle bezahlt und kostet etwa FF 60,– bis 80,–

– M.N.E.F. (Studentenkrankenkasse) 22, bd. St. Michel	Tel.	43 20 12 22

Sehr hilfreiche Beratungsstelle, jedoch keine ärztliche Behandlung am Ort.

APOTHEKEN

RUND UM DIE UHR GEÖFFNET:

- Pharmacie Dhery
  84, av. des Champs-Elysées
  (in der Galerie)
- Pharmacie Dhery
  61, rue de Ponthieu — Tel. 45 62 02 41

BIS 2 UHR NACHTS GEÖFFNET:

- Pharmacies du Drugstore
  - Place St. Germain des Près — Tel. 42 22 80 00
  - 133, av. des Champs-Elysées — Tel. 47 20 39 25
  - 2, rue Jean Mermoz — Tel. 43 59 86 55, Tel. 45 62 79 16
  - 6, bd. des Capucines — Tel. 42 65 88 29

BIS 1 UHR NACHTS GEÖFFNET:

- Pharmacie Machelon
  5, place Pigalle — Tel. 48 78 38 12

BIS MITTERNACHT GEÖFFNET:

- Pharmacie de la Nation
  13, place de la Nation — Tel. 43 73 24 03
- Pharmacie des Arts
  106, bd. Montparnasse — Tel. 43 35 44 88

BIS 23 UHR GEÖFFNET:

- Pharmacie Mozart
  14, av. Mozart — Tel. 45 27 38 17
  (Sonntags geschlossen)

AUSSICHTSPUNKTE

Nichts ist schöner als in Paris einen erhöhten Punkt zu erklimmen, von dem aus die Stadt zumindest teilweise aus der Vogelperspektive zu übersehen ist. Alle Touristen spielen in luftiger Höhe das uralte Spiel, mit dem sie ihre Kenntnis der Stadt unter Beweis stellen wollen: das Erkennen der Sehenswürdigkeiten, die überall aus der Masse der Dächer hervorlugen.

Zu besteigen sind:

- ARC DE TRIOMPHE
- CENTRE POMPIDOU (Aussichtsterrasse im 5. Stock)
- DACHTERRASSEN der Kaufhäuser
  GALERIES LAFAYETTE, PRINTEMPS und SAMARITAINE
- EIFFELTURM
- NOTRE-DAME
- PANTHEON (die Kuppel!)
- SACRE COEUR (bis auf die Kuppel steigen!)
- TOUR MAINE-MONTPARNASSE

Eine schöne Aussicht, sozusagen aus halber Höhe, gewährt auch die Esplanade des Palais Chaillot, die seit dem 30. Mai 1985 von Mitterand zum ‹Parvis des Droits et des Libertés de l'homme› (Pflaster für die Rechte und Freiheiten des Menschen) erklärt ist.

BABYSITTING

Wer mit kleinen Kindern in Paris ist und plötzlich in einer Notsituation nicht auf sie aufpassen kann, bekommt rund um die Uhr und sogar an Feiertagen Hilfe bei

ALLO! MAMAN POULE Tel. 47 47 78 78
13, rue Paul Chatroussè 92 200 Neuilly
Ein Babysitter kostet etwa FF 20,– pro Stunde, minimum 3 Stunden.

BALLETT

Die Pariser Oper veranstaltet regelmäßig übers Jahr verteilt Ballettabende, zum Teil auch mit ausländischen Gaststars. Zur Weihnachtszeit gibt es Sonderprogramme, die weniger „ernst" sind, also zum Beispiel im Stil der ‹Commedia dell'Arte› gehalten sind. Gelegentlich sieht man Nurejew, der aber vor allem Choreographien macht, und den jüngeren Star der Oper, Patrick Dupont.

BALLET DE L'OPERA
Place de l'Opéra Tel. 47 42 57 50
BALLETS A L'OPERA COMIQUE
5, rue Favart Tel. 42 96 06 11
Man achte auch auf Ankündigungen des Nachwuchses des Pariser Opernballets, da wird teilweise sehr kreativ gearbeitet.

Wer mehr für ganz moderne Tanztendenzen ist, kann in Paris auf jeden Fall in Begeisterung geraten. Bei mehreren Tanztheatertreffen im Théatre de la Ville werden so heiß diskutierte ausländische Gäste begrüßt wie John Neumeier mit dem Ballett der Hamburger Staatsoper, Pina Bausch, das Neederlands Dance Theatre und viele mehr. Man sollte sich auf jeden Fall auch für die Franzosen interessieren, Régine Chopinot oder Karine Saporta, um nur zwei Namen zu nennen, sind sehr sehenswert. Man muß sich sehr früh um Karten bemühen!

THEATRE DE LA VILLE
Place du Châtelet Tel. 42 74 22 77

Ein Blick ins ‹Pariscope› oder den ‹Officiel des Spectacles› gibt weitere Auskünfte über stattfindende Tanzfestivals, die in Paris sehr zahlreich sind.

BIBLIOTHEKEN

Leider sind sehr viele Bibliotheken – und vornehmlich die mit den reichsten und interessantesten Beständen – nur Studenten zugänglich, die gerade an einer Forschungsarbeit von mindestens dem Niveau einer deutschen Magister- oder Diplomarbeit schreiben. Deshalb sind hier nur einige Bibliotheken aufgeführt, die von dieser Regel eine Ausnahme bilden und allgemein zugänglich sind.

BIBLIOTHEQUE PUBLIQUE D'INFORMATION (BPI)

Centre Pompidou, 2. Stock
Öffnungszeiten: Montag bis Freitag 12 – 22 Uhr
Samstag, Sonntag 10 – 22 Uhr
Dienstags geschlossen

In dieser Präsenzbibliothek sind die rund 400000 Bände aus allen Fachbereichen sowie viele französische und ausländische Zeitschriften im Lesesaal direkt zugänglich. Ein Ausweis ist für die Benutzung nicht notwendig. Der Besucher kann ebenfalls kostenlos regelmäßig wechselnde Video-Dokumentarfilme zu Themen aus Kunst und Kultur anschauen und sogar fernsehen.
Da die Bibliothek sehr frequentiert ist, muß man zu Stoßzeiten viel Betrieb und sogar Warteschlangen am Eingang in Kauf nehmen. Am besten kommt man am Wochenende oder am Abend.

BIBLIOTHEQUE ST. GENEVIEVE

10, place du Panthéon
Öffnungszeiten: Montg, Mittwoch bis Samstag 10 – 22 Uhr
Dienstag 13 – 22 Uhr
Sonntags und in den Sommermonaten geschlossen

In der zweitgrößten Bibliothek Frankreichs mit rund 2,5 Millionen Büchern und rund 9000 Periodika benötigt man einen Benutzerausweis, den man nach Vorlage des Personal- oder Studentenausweises erhält. Hier kann man sich vor allem über Geschichte informieren und Enzyklopädien einsehen.

BIBLIOTHEK DES GOETHE-INSTITUTS

17, av. d'Iéna
Öffnungszeiten: Montag bis Freitag 9 – 21 Uhr

Alle, die plötzlich Lust bekommen, auch in Paris ein deutsches Buch zu lesen, sollten sich hier einfinden. Einen Benutzerausweis, der auch zur Ausleihe berechtigt, bekommt man ohne Schwierigkeiten, wenn man einen Ausweis vorlegt. Das Goethe-Institut besitzt auch Dia-Serien, Filme und Tonbänder, die das Leben und die Kultur der Bundesrepublik dokumentieren sollen. Diese Medien werden jedoch nur an Lehrer und Sprachassistenten ausgeliehen.

BIBLIOTHEK DES KULTURZENTRUMS DER DDR
117, bd. St. Germain
Öffnungszeiten: Dienstag bis Freitag 13.30 – 20 Uhr
Sehr nettes Personal, das entweder sächsisch oder perfekt französisch spricht.

BIBLIOTHEQUE NATIONALE
58, rue de Richelieu
Öffnungszeiten: Montag bis Samstag 9 – 18 Uhr

Die Nationalbibliothek ist die größte Bibliothek Frankreichs. Sie besitzt etwa 7 Millionen Bände und 24.000 Zeitungen. Auch hier werden zum Arbeiten nur „Forscher" eingelassen, mit etwas Glück bekommt man einen Ausweis, der zwei Tage gültig ist. Erneuter Einlaß wird erst nach zwei Monaten wieder gewährt.

BIBLIOTHEQUE DE L'ARSENAL
1, rue Sully
Öffnungszeiten: Montag bis Samstag 10 – 17 Uhr

BIBLIOTHEQUE MAZARINE
23, quai Conti
Öffnungszeiten: Montag bis Samstag 10 – 18 Uhr
Zutritt haben alle Schüler und Studenten ab 18 Jahren.

BIBLIOTHEQUE DE L'INSTITUT BRITANNIQUE
11, rue Constantine

BIBLIOTHEQUE ANGLO-AMERICAN
10, rue Général Camou

BOOTSFAHRTEN
Wer des Laufens müde geworden ist, kann auch mit dem Schiff Paris erkunden. Die meisten Möglichkeiten bieten die Veranstalter zu Fahrten auf der Seine, jedoch sind auch die Kanäle der Stadt eine Rundfahrt wert; sie sind sehr romantisch.

AUF DER SEINE
- Bateaux-Mouches
  Tel. 42 25 96 10 Anlegestelle: Pont de l'Alma
  Abfahrtszeiten: im Sommer alle halbe Stunde von 10 – 23 Uhr
  im Winter etwa dreimal am Tag
  Dauer der Rundfahrt: etwa 75 Minuten
  Preis: etwa FF 20,– (abends gibt es auf den Schiffen ein exclusives Dinner und nachher Tanz; man muß „offiziell" gekleidet erscheinen und bezahlt etwa FF 400,–).
  Genaue Auskünfte erteilt das Fremdenverkehrsbüro

- Vedettes Paris Ile-de-France
  Tel. 47 05 71 29 Anlegestelle: Pont de Suffren
  Abfahrtszeiten: alle 30 Minuten von 10 – 17.30 Uhr

- Vedettes Pont-Neuf
  Tel. 46 33 98 38 Anlegestelle: Square du Vert Galant
  Abfahrtszeiten: etwa alle 30 Minuten von 10.30 bis 18.30 Uhr
  Dauer der Rundfahrt: 1 Stunde
  Preis: etwa FF 25,–
  Bei den Rundfahrten werden Erklärungen zu den verschiedenen Sehenswürdigkeiten gegeben.

- Vedettes Tour Eiffel
  Tel. 45 51 33 08 Anlegestelle: Pont d'Iéna
  Abfahrtszeiten: alle 30 Minuten von 10 – 18 Uhr
  Preis: FF 22,– (auch hier gibt es abends Tanzfahrten, die etwa FF 350,– kosten).

AUF DEN KANÄLEN

Der Großteil der Bootsfahrten auf den Pariser Kanälen wird von dem Unternehmen

CANAUXRAMA	Tel. 46 24 86 16
4, villa Blanche	92 200 Neuilly-sur-Seine

organisiert.

- Canal St. Martin

Abfahrtszeiten:	täglich außer Sonntag und Montag
9.15 Uhr	Anlegestelle: Bassin de la Villette 5 bis, quai de la Loire
14.15 Uhr	Anlegestelle: Port de l'Arsenal vor Nummer 50, bd. de la Bastille
Dauer der Fahrt:	etwa 3 Stunden
Preis: etwa FF 55,–	(Studenten etwa FF 50,–)

- Canal de l'Ourcq

Abfahrtszeiten:	Samstag, Sonntag, Donnerstag
8.45 Uhr	Anlegestelle: Bassin de la Villette 5 bis, quai de la Loire

  Diese Bootstour führt den Besucher über zahlreiche Schleusen im Laufe eines Tages hinaus aus Paris bis nach Meaux. Von dort aus wird man am Abend mit einem Bus in die Stadt zurückgebracht.
  Preis: etwa FF 135,– ohne Mahlzeit.

Noch ein zweiter Verstalter führt Fahrten auf dem Canal St. Martin durch:

QUINZTOUR	Tel. 48 74 75 30
19, rue d'Athènes	

– Patache-Eautobus

Abfahrtszeiten:	täglich
9.30 Uhr	Anlegestelle: Pont de Solférino
14.30 Uhr	Anlegestelle: Parc de la Villette
Dauer der Fahrt:	5 Stunden

Bei allen Kanalfahrten wird empfohlen, vorher Plätze zu reservieren, da Änderungen in den Fahrplänen möglich sind.

BOTSCHAFTEN

BOTSCHAFT DER BUNDESREPUBLIK DEUTSCHLAND
13, av. Franklin D. Roosevelt
Telefon: 43 59 33 51
Öffnungszeiten: Montag bis Freitag 9 – 12 Uhr

KONSULAT DER BUNDESREPUBLIK DEUTSCHLAND
34, av. d'Iéna
Telefon: 43 59 33 51
Öffnungszeiten: Montag bis Freitag 9 – 12 Uhr

BOTSCHAFT DER BUNDESREPUBLIK ÖSTERREICH
6, rue Fabert
Telefon: 45 55 95 66
Öffnungszeiten: Montg bis Freitag 9 – 12 Uhr

KONSULAT DER BUNDESREPUBLIK ÖSTERREICH
139, rue du Faubourg St. Honoré
Telefon: 45 61 19 93
Öffnungszeiten: Montag bis Freitag 9 – 12 Uhr

SCHWEIZER BOTSCHAFT UND KONSULAT
142, rue de Grenelle
Telefon: 45 50 34 46
Öffnungszeiten: Montag bis Freitag 9 – 12 Uhr

WICHTIGER HINWEIS: ohne Personalausweis oder Reisepaß wird man in die Botschaften nicht hineingelassen. Also diese niemals vergessen, sonst ist der Weg umsonst. Hat man die Papiere gestohlen bekommen, begibt man sich am besten sofort ins jeweilige Konsulat, man bekommt nach etwa einer Stunde Ersatzpapiere ausgehändigt.

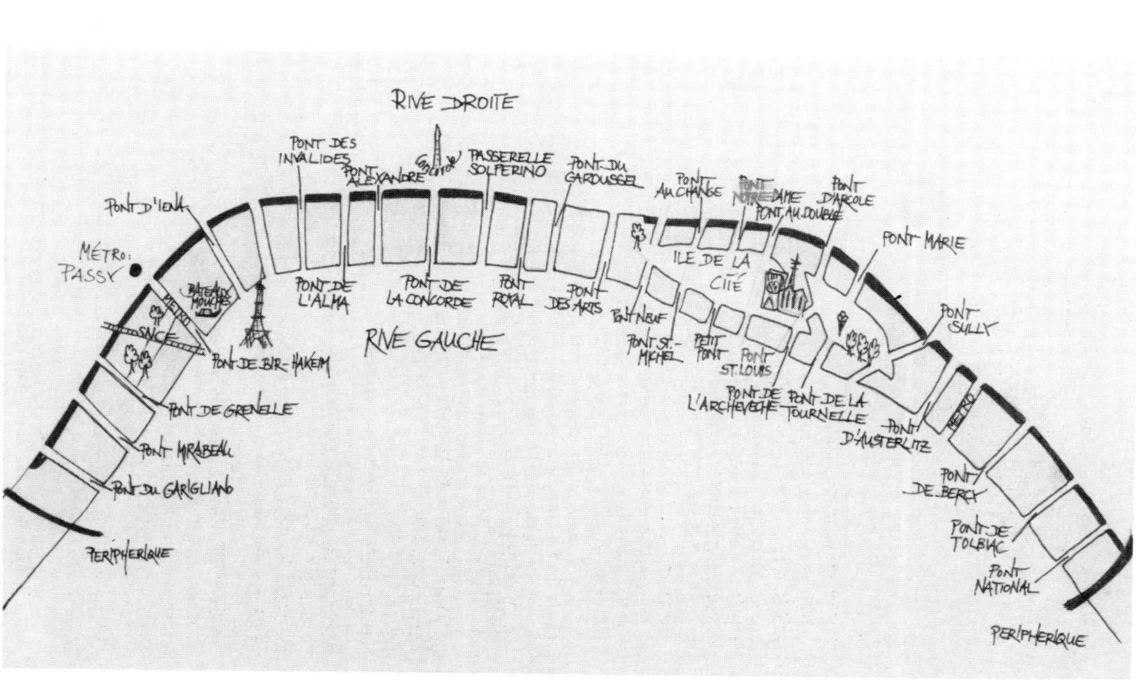
RIVE DROITE
PONT DES INVALIDES
PONT ALEXANDRE
PASSERELLE SOLFERINO
PONT DU CAROUSSEL
PONT AU CHANGE
PONT NOTRE DAME
PONT D'ARCOLE
PONT AU DOUBLE
PONT D'IENA
MÉTRO: PASSY
BATEAUX MOUCHES
MÉTRO
SNCF
PONT DE L'ALMA
PONT DE LA CONCORDE
PONT ROYAL
PONT DES ARTS
ILE DE LA CITÉ
PONT MARIE
PONT NEUF
PONT ST.-MICHEL
PETIT PONT
PONT ST. LOUIS
PONT SULLY
RIVE GAUCHE
PONT DE BIR-HAKEIM
PONT DE GRENELLE
PONT MIRABEAU
PONT DU GARIGLIANO
PERIPHERIQUE
PONT DE L'ARCHEVECHE
PONT DE LA TOURNELLE
PONT D'AUSTERLITZ
MÉTRO
PONT DE BERCY
PONT DE TOLBIAC
PONT NATIONAL
PERIPHERIQUE

„Le pont Mirabeau

Sous le pont Mirabeau coule la Seine
Et nos amours
Faut-il qu'il m'en souvienne
La joie venait toujours après la peine

Vienne la nuit sonne l'heure
Les jours s'en vont je demeure

Les mains dans les mains restons face à face
Tandis que sous
Le pont de nos bras passe
Des éternels regards l'onde si lasse

Vienne la nuit sonne l'heure
Les jours s'en vont je demeure

L'amour s'en va comme cette eau courante
L'amour s'en va
Comme la vie est lente
Et comme l'Espérance est violente

Vienne la nuit sonne l'heure
Les jours s'en vont je demeure

Passent les jours et passent les semaines
Ni temps passé
Ni les amours reviennent
Sous le pont Mirabeau coule la Seine

Vienne la nuit sonne l'heure
Les jours s'en vont je demeure"

aus: Guillaume Apollinaire
Alcools.
Gallimard. 1920.

BRÜCKEN

In Paris gibt es unzählige Brücken – viele von ihnen sind zudem noch schön anzusehen und viel zu schade, um nur zur raschen Seineüberquerung genutzt zu werden. Sie wollen selbst Gegenstand touristischer Schau- und Entdeckungslust sein; sie wollen, daß man auf ihnen stehenbleibt, nicht nur um den Blick doch wieder auf die Seine und ihre Ufer zu richten, sondern um ihrer selbst willen. Jede Brücke hat ihre eigene Geschichte, die sich in Bau- und Dekorationsweise wiederspiegelt. Auf jeder Brücke herrscht eine besondere Atmosphäre.
Unsere Favoriten sind die PONT ALEXANDRE mit ihrer wunderbaren Skulpturen und Lampen und die PONT NEUF, die übrigens – entgegen der Vermutung, die ihr Name aufkommen läßt – die älteste Brücke von Paris ist. Letztere ist durch ihre Verpackung durch Christo im Herbst 1985 wieder ins Gerede gekommen – ein Trost: auch in natura ist sie sehenswert.

BUCHHANDLUNGEN

DEUTSCHE BÜCHER

LIBRAIRIE MARTIN FLINKER
68, quai des Orfèvres
Tel. 43 54 48 60

Diese Buchhandlung ist der *der* Geheimtip für Literaturbegeisterte überhaupt. Der kleine, etwas verstaubt wirkende Laden am Seineufer hat nämlich Tradition. Flinker ist nicht nur Buchhändler, sondern hat sich seit Jahren auch als Verleger unbekannter oder umstrittener Werke deutscher Autoren verdient gemacht. Fotografien, die überall im Laden aufgehängt oder aufgestellt sind, zeigen ihn mit Thomas Mann oder Hermann Hesse, mit denen er, ebenso wie mit vielen anderen namhaften Schriftstellern, eng befreundet war.
Flinker sollte man immer mit einem bestimmten Buchwunsch auf den Lippen besuchen; kramen oder nur herumschauen kann man bei ihm nicht (an der Eingangstür mahnt ein handgeschriebenes Schild: ‹Ne pas toucher les livres› – bitte berühren Sie die Bücher nicht). Schon die Schaufenster lassen erkennen, daß hier alles Lesenswerte und Brisante zu finden ist – von Nietzsche und Hegel (denn Philosophie ist eine Spezialität Flinkers) bis zu den Neuerscheinungen deutschsprachiger Verlage. Das Lager ist sehr groß; nur hier findet man beispielsweise alle Schriften Freuds als Taschenbücher vorrätig. Daneben führt Flinker auch französische Übersetzungen deutscher Autoren. Einen Grund zum Eintreten

gibt es also immer. Zeigt man sich interessiert an den oben genannten Fotos, geht man sicher nicht aus dem Geschäft, ohne einige Anekdoten aus dem Leben unserer Dichter gehört zu haben.

LIBRAIRIE ALLEMANDE CALLIGRAMMES
82, rue de Rennes
Tel. 45 48 70 89

Hier gibt es vor allem eine große Auswahl an Taschenbüchern. Das ist wichtig, da in Frankreich die Bestellzeit für ein Buch ungefähr zwei Wochen beträgt. Es ist also gut, wenn man das Gewünschte gleich an Ort und Stelle findet. Bei Bestellungen muß man eine Anzahlung machen.

„Wieso hatte eigentlich die Buchhandlung Calligrammes den Sturm dieser Jahre überlebt? Artigas hatte sich diese Frage nie gestellt. Er konnte sie also auch nicht beantworten. Aber die auf deutschsprachige Publikationen spezialisierte Buchhandlung war immer offen geblieben, selbst beim Höhepunkt der Ergebnisse von 68.
(...)
Artigas hatte die Gewohnheit, regelmäßig dort vorbeizugehen. Er blätterte in alten und neuen Büchern und plauderte dabei mit Karin. Dieser war es nach dem Bau der Mauer, die die Commune de la Rive Gauche isolierte, gelungen, weiterhin Bücher aus Deutschland kommen zu lassen, wozu sie alle möglichen Mittel benutzte, einschließlich legaler Mittel. Bis 1973, wo sich die Situation annähernd normalisiert hatte, war Calligrammes also einer der Orte der Z.U.P. gewesen, wo man einen Kontakt mit dem kulturellen Leben der Außenwelt behalten konnte. Freitags abends, nach Ladenschluß, bot man dort den Stammkunden ein Glas an, und die Gespräche im Hintergrund gingen manchmal bis tief in die Nacht hinein."

aus: Jorge Semprun.
Algarabia oder
Die neuen Geheimnisse von Paris.
Suhrkamp. 1985

Z.U.P. = Zone utopique populaire
Das utopische Gebilde einer anarchistischen freien Kommune, die 1968 im Quartier Latin entstand.

LIBRAIRIE LE ROI DES AULNES (ERLKÖNIG)
159 bis, bd du Montparnasse
Tel. 43 26 86 92

Die Buchhandlung ist relativ klein und besonders gut sortiert in Lehrbüchern und Wörterbüchern der deutschen Sprache. Sie wird viel von französischen Deutschlehrern frequentiert. Von Zeit zu Zeit finden Dichterlesungen oder Diskussionen mit bekannten zeitgenössischen Autoren statt. Es lohnt, sich darüber zu informieren.

ENGLISCHE BÜCHER

SHAKESPEARE AND COMPANY
37, rue de la Bûcherie

Berühmte Autoren wie Hemingway oder Henri Miller sind hier schon aus und ein gegangen. In riesigen Regalen darf man stundenlang herumstöbern und kann zwischendurch ein Schwätzchen mit den sehr originellen Verkäufern halten. Die Riesenauswahl an antiquarischen englischen Büchern ist die größte Europas. Aber auch das gesamte Penguin-Verlagsprogramm scheint vertreten zu sein. Man findet einfach alles: Kochbücher genauso wie Monographien berühmter Jazzmusiker, Reiseführer in englischer Sprache und viele Zeitschriften, die anderswo nicht zu haben sind (Amerikanische Literaturzeitschriften, Frauenzeitschriften usw.). Die Atmosphäre ist sehr lässig und am besten spricht man gleich Englisch. Der Laden ist täglich bis spät in die Nacht geöffnet.

„Shakespeare and Company

Damals hatten wir kein Geld, um Bücher zu kaufen. Ich borgte mir Bücher aus der Leihbibliothek von Shakespeare and Company, das war die Bibliothek und der Buchladen von Sylvia Beach in der Rue de l'Odéon 12. Auf einer kalten, vom Sturm gepeitschten Straße war hier im Winter ein warmer, behaglicher Ort, mit einem großen Ofen, mit Tischen und Regalen voller Bücher, mit Neuerscheinungen im Fenster und Fotografien berühmter Schriftsteller, sowohl toter wie lebender, an der Wand. Die Fotografien sahen alle wie Momentanaufnahmen aus, und selbst die toten Schriftsteller sahen aus, als ob sie wirklich lebendig gewesen waren."

aus: Hemigway. Paris – ein Fest
fürs Leben.
Rororo. 1971.

FRANZÖSISCHE BÜCHER

LA FOURMI AILEE
8, rue du Fouarre
Tel. 43 29 40 99

Diese kleine Buchhandlung beherbergt gleichzeitig eine Teestube, in der man den neuerworbenen Schmöker gleich lesen kann. Mittags gibt es täglich wechselnd zwei kleinere Gerichte wie Lauchkuchen oder Omelette für etwa FF 20,– bis 30,– und am Nachmittag Kuchen oder Toast. Ein Tee kostet um die FF 14,–. Das Buchangebot ist sehr progressiv. Hier steht die Frau im Mittelpunkt, sowohl als Autorin wie auch als Zentralfigur in von Männern geschriebenen Romanen. Außerdem findet man einige ausgefallene Reiseführer, Taschenkalender, Kinderbücher, Kochbücher und Frauenzeitschriften.
Die Atmosphäre ist sehr angenehm.

LIBRAIRIE VRIN
6, place de la Sorbonne

Diese Buchhandlung des Verlages Vrin ist der Treffpunkt der Philosophiestudenten. Das Personal ist sehr bewandert und das Sortiment ausgezeichnet. Außerdem gibt es englische und deutsche philosophische Schriften sowie Einführungen, wissenschaftliche Arbeiten und Gesamtausgaben.

LIBRAIRIE DE LA FONTAINE
13, rue Médicis

Theater- und Kinofans kommen hier auf ihre Kosten. Es lohnt sich, einfach mal vorbeizukommen und zu schauen, denn der Laden ist voller origineller Marionetten, die man auch kaufen kann (allerdings sind sie oft recht teuer).

LA PENSEE SAUVAGE (DER WILDE GEDANKE)
7, rue de l'Odéon

So wild wie der Name glauben läßt, geht es hier nicht zu. Die Leute stöbern eher ruhig in den Stapeln uralter Illustrierten oder im Antiquariat. Man sollte sich etwas Zeit nehmen, um die vielen kleinen originellen Dinge zu betrachten, die hier überall herumstehen. Es gibt auch Masken und Poster.

LIBRAIRIE GALERIE CLAIR – OBSCUR
161, rue Saint-Martin

LIBRAIRIE COUPE-PAPIER
19, rue de l'Odéon

Die beiden Buchhandlungen sind spezialisiert auf Theater- und Filmbücher.

LIBRAIRIE DU MONITEUR
7, place de l'Odéon

Architekturbegeisterte geraten ins Schwärmen, wenn sie in die Schaufenster dieser Buchhandlung schauen. Hier gibt es alles, was zum Thema Bauen interessant sein kann: vom Fach- oder Bildbuch über Zeitschriften bis zu Papierbausätzen des Louvre oder des Eiffelturms.

FNAC
Forum des Halles
26, av. de Wagram
136, rue de Rennes

In diesen drei Geschäften darf man auf persönliche Atmosphäre nicht setzen. Was hier zählt ist das Riesenlager und der Preis, denn alle Bücher und Schallplatten sind billiger als in anderen Läden. Toll ist, daß man auch herkommen kann, um stundenlang etwas zu lesen, ohne das Buch nachher kaufen zu müssen. (Sitzgelegenheiten sind vorhanden).

BOULINIER
20, bd. St. Michel

Das Mekka der Fans von Comics aller Art.

GIBERT JEUNE
5, place St. Michel
23 – 27, quai St. Michel

Pariser Studenten und Schüler gehen hier aus und ein. Im Haupthaus direkt neben dem Ausgang der Métrostation St. Michel füllen Bücher zu allen Themenbereichen die Regale auf fünf Etagen. Taschenbücher gibt es ganz oben; teilweise gebraucht, sind sie spottbillig. Man kann auch seine eigenen ausgelesenen Taschenbücher hier weiterverkaufen, insofern sie gut erhalten sind.

AUTREMENT DIT
73, bd. St. Michel

Ein äußerst kompliziertes Kassensystem läßt einen mit x Bons n-mal anstehen, ähnlich wie bei Gibert Jeune. Da man hier jedoch meist findet, was man sucht, läßt sich darüber hinwegsehen.

Ihr ganzes Verlagsprogramm unter einem Dach bieten:

LIBRAIRIE HACHETTE
24, bd. St. Michel

LIBRAIRIE PAYOT
106, bd. St. Germain

LIBRAIRIE GALLIMARD
37, rue Bonaparte

BÜCHER IN ANDEREN SPRACHEN

LA PUCE A L'OREILLE
20, rue des Rosiers

In dieser Buchhandlung im Judenviertel findet sich so ziemlich alles zur jüdischen Geschichte und zu aktuellen Problemen. Es gibt Bücher in französischer, hebräischer und jiddischer Sprache.

Die Verlagsbuchhandlung ist spezialisiert auf orientalische Literatur und auf Lehrbücher orientalischer Sprachen.

LIBRAIRIE INTERNATIONALE
141, bd. St. Germain

Bücher in vielen Sprachen dieser Welt.

LIBRAIRIE ESPAGNOLE
72, rue de Seine
Bücher über Spanien auf spanisch und französisch.

LIBRAIRIE POLONAISE
123, bd. St. Germain
Polnische Bücher + Zeitschriften; französische Übersetzungen polnischer Autoren.

BUSSE

Mit den Bussen der Pariser Verkehrsbetriebe kann man sich billig eine Stadtrundfahrt genehmigen, um sich einen ersten Eindruck von Paris zu verschaffen. Man entbehrt lediglich den Kommentar eines Reiseleiters, der bei den Fahrten von ‹Paris Vision› üblich ist, der allerdings auch sehr nervt, weil er immer in mehreren Sprachen gegeben wird und nur oberflächlich informiert.
An den Bushaltestellen bekommt man einen Übersichtsplan, auf dem alle Linien eingezeichnet sind. Informativer ist jedoch der Führer LE GUIDE PARIS BUS, den es im Buchhandel für FF 28,– zu kaufen gibt. Alle Strecken sind einzeln aufgeführt, kleine Skizzen weisen auf die Sehenswürdigkeiten hin, die man passiert.
Besonders schöne Busstrecken sind:

LINIE 21	Gare St. Lazare – Opéra – Rue de Rivoli – Châtelet – St. Michel – Port Royal – Parc de Montsouris – Porte de Gentilly
LINIE 31	Gare de l'Est – Barbés-Rochechouart – Pigalle – Place de Clichy – Monceau – Charles-de-Gaulle-Etoile – Trocadéro
LINIE 42	Gare du Nord – Bd. Haussmann – Champs-Elysées – Avenue Montaigne – Champ de Mars – Balard-Lecourbe
LINIE 52	Opéra – Concorde – Charles-de-Gaulle-Etoile – La Muette – Porte d'Auteuil – Boulogne – St. Cloud
LINIE 86	St. Germain-des-Prés – Maubert – Bastille – Faubourg St. Antoine – Nation – Porte de Vincennes – St. Mandé

Ein besonders interessanter Service der RATP sind die Nachtbusse, die zwischen 1 und 5 Uhr verkehren, also dann, wenn die Métro Ruhepause hat. Neun Linien bringen einen im Grunde in jedes Viertel der Stadt. Es gibt keine festen Haltestellen; man macht dem Fahrer einfach ein (deutliches) Zeichen, und man kann ein- und aussteigen, wo man will. Auch diese Linien sind in obengenanntem Führer genau verzeichnet.
Mit der Carte Orange fährt man kostenlos, ansonsten muß man drei Einzelfahrscheine lösen.

CAFES

Es gibt natürlich unzählige in Paris, von denen wir drei empfehlen, weil sie etwas Besonderes sind.

- CAFE COSTES 4, rue Berger
  Wer „in" sein will, *muß* sich hier in den „Kulissen" von Philippe Stark in Szene setzen.

- CAFE PROCOPE 3, rue de l'Ancienne Comédie
  Ganz was anderes: 1689 von einem Sizilianer gegründet, ist es das älteste Café der Stadt. Voltaire, Rousseau und sogar Napoléon waren hier schon zu Gast. Heute ist es ein Restaurant, in dem man sehr gut, aber nicht ganz billig ißt.

- CAFETERIA CITE UNIVERSITAIRE
  Das Bild wird von Studenten aller Nationaliäten bestimmt.

DISKOTHEKEN

- LA SCALA Tel. 42 61 64 00
  188 bis, rue de Rivoli
  Öffnungzeiten: täglich von 22 bis 5 uhr
  Eintritt: Freitag FF 50,–; Samstag FF 80,–
  (ein Getränk inbegriffen)
  Frauen haben von Montag bis Donnerstag freien Eintritt.
  Samstag und Sonntag auch ab 14.30 Uhr geöffnet (FF 50,–).
  Die Scala ist *die* Superdisco, die rund 2000 Leute faßt. Auf drei Niveaus befinden sich mehrere Tanzflächen und fünf Bars. Videoclips, Lasershow.
- LE MANNEKEN PIS Tel. 43 26 29 55
  3, rue de l'ancienne Comédie
  Eintritt: Ausländer erhalten auf Eintritt und Getränke 25% Ermäßigung.
- MIDNIGHT EXPRESS Tel. 47 73 54 32
  Parvis de la Défense
  Öffnungzeiten: Sonntag, Montag, Dienstag abends geschlossen. Sonntag Matinée von 14.30 bis 19.00 Uhr.
  Eintritt: Frauen erhalten Mittwoch und Donnerstag freien Eintritt. Ansonsten liegt der Preis um FF 50,– (Getränk eingeschlossen). Sehr junges Publikum; immer eine Riesenstimmung.

- REX CLUB
  5, boulevard Poissonière
  Öffnungszeiten: Donnerstag, Freitag, Samstag 22.30 bis 5 Uhr. Hier finden auch Live-Konzerte statt.

- BAINS DOUCHES — 7, rue du Bourg-l'Abbé
  Öffnungszeiten: 23.30 bis 5 Uhr
- BUS-PALLADIUM — 6, rue Francois-I.
  Öffnungszeiten: 23 bis 4 Uhr
- LA PISCINE — 32, rue de Tilsitt
  Eintritt: FF 50,–
- ROCK'N ROLL CIRCUS — 6, rue Caumartin

Etwas außerhalb der Stadt gibt es zwei Eislaufdiscos:

- L'IGLOO — Tel. 48 77 32 66
  Place du Général Leclerc — Nogent-sur-Marne
- PATINOIRE DU RAINCY — Tel. 43 81 41 41
  72, allée d. Jardins Anglais — Le Raincy

FAHRRADVERLEIH

PARIS-VELO
2, rue du Fer-à-Moulin — Métro: Censier-Daubenton
Öffnungszeiten: Montag bis Samstag 10 – 19 Uhr.

FRANZÖSISCHKURSE

Den allerpreiswertesten Französischkurs kann man für sich selbst im Sprachlabor der Bibliothek des Centre Pompidou abhalten. Dort stehen eine Reihe von Kassettenkursen und sogar audio-visuelle Kurse zur Verfügung, die man täglich eine Stunde lang kostenlos benutzen darf. Leute, die schon Fremdsprachen gelernt haben und ein wenig wissen, welche Lehrmethoden ihnen am besten liegen, können hier sehr große Fortschritte machen.
Wer lieber einen Lehrer hat und mit anderen zusammen studieren möchte, hat in Paris sehr viele Auswahlmöglichkeiten. Hier die wichtigsten Adressen:

ALLIANCE FRANCAISE
101, bd. Raspail — 75 270 Paris Cedex 06
Tel. 45 44 38 28
Die Kurse sind vielseitig und im allgemeinen sehr gut. Es gibt Spezialkurse für Französischlehrer und für Studenten aller Niveaus. Geboten werden Jahres-, Ferien- und Fernkurse.

U.E.R. ETUDES FRANCAISES POUR L'ETRANGER
UNIVERSITÄT SORBONNE NOUVELLE
13, rue de Santeuil — 75 005 Paris
Vor allem Landeskunde, Literatur und Kunstgeschichte, aber auch allgemeine Sprachkurse und Didaktik des Französischen.

INSTITUT DE LINGUISTIQUE ET PHONETIQUE GENERALES ET APPLIQUEES
UNIVERSITÄT SORBONNE NOUVELLE
19, rue des Bernardins 75005 Paris
Spezialkurse für Romanistikstudenten und Französischlehrer.

COURS DE CIVILISATION FRANCAISE DE LA SORBONNE
UNIVERSITÄT SORBONNE
47, rue des Ecoles 75005 Paris
Tel. 43 29 12 13 App. 38 54
Die Kurse haben ein großes Renomée, sind aber sehr überlaufen und werden besonders von Heerscharen von Amerikanern besucht, die kein Wort Französisch sprechen wollen.
Ferien- und Semesterkurse aller Niveaus.

INSTITUT CATHOLIQUE DE PARIS
21, rue d'Assas 75270 Paris Cedex 06
Tel. 42 22 41 80 App. 374
Kurse aller Niveaus, auch Intensivkurse und Sprachlaborübungen. Sonderkurse für Französischlehrer.

UNIVERSITE INTERNATIONALE D'ETE DE VERSAILLES
ACADEMIE DE VERSAILLES
UNIVERSITÄT PARIS – NANTERRE (PARIS X).
10, rue de la Chancellerie 78 000 Versailles
Tel. (3) 951 46 30
Sprachkurse der Mittel- und Oberstufe in kleinen Gruppen, aber vor allem hervorragende Kurse zur französischen Geschichte und Kunst des 17. und 18. Jahrhunderts in der herrlichen Umgebung des Schlosses. Arbeitsgruppen zu Theater, Chanson, französischer Küche.

FRANZÖSISCHSPRACHIGE SPEZIALREISEFÜHRER ÜBER PARIS

– LE GUIDE DE PARIS MYSTERIEUX
  Edition Tchou Princesse. Paris 1985.
  Preis: ca. FF 100,–

Der Führer ist für alle diejenigen sehr geeignet, die sich für die Geschichte der Straßen und Häuser der Stadt interessieren. Hier werden Legenden mit akribischer Genauigkeit zu wirklich jedem Fleckchen Boden erzählt – und keineswegs nur solche berühmter oder berüchtigter Leute. Das Buch lädt sehr zum Lesen ein, ist also nicht unbedingt als praktischer Führer geeignet. Es ist, um es in der Tasche zu tragen, in jedem Fall zu schwer und zu unhandlich.

– PARIS SUCRE
  GUIDE DES SALONS DE THE
  Edition Hachette. Paris.
  Preis: ca. FF 50,–

Für die Fanatiker des „Five-o'clock-tea" oder des Nachmittagkaffees. Er enthält die Namen und Adressen vieler Teesalons und informiert außerdem über deren Spezialitäten.

- GUIDE PITTORESQUE ET OCCULTE DES CIMETIERES PARISIENS
  Edition La table ronde 1972.
  Preis: ca. FF 55,–

Dieses Buch ist *der* Führer für Mystiker und Nekrophile. Damit wird man zum Experten der Pariser Friedhöfe. (Schaurig, schaurig!)

- LE GUIDE DES BARS A PARIS
  Edition Robert Laffont. Paris 1983.
  Preis: ca. FF 60,–

Die für dieses Büchlein ausgewählten Bars sind so einladend beschrieben, daß man sofort Lust bekommt, mal wieder einen „Side Car" oder einen „Pina Colada" zu schlürfen. Jeder aufgeführten Adresse ist ein kurzer Artikel gewidmet, der die Atmosphäre der Bar beschreibt, den Barkeeper mit seinem Lieblingscocktail vorstellt und auch über Preise informiert. Wirklich ausgezeichnet!

- PARIS JEUX
  Edition Henri Veyrier. Paris 1983.
  Preis: ca. FF 50,–

  Wo spielt man Schach, Bridge, Billard oder „Boules" in Paris? Dieses Handbuch führt Spielwillige auf direktem Wege zu gleichgesinnten Partnern.

- TOUS LES SPORTS A PARIS
  Edition Diane de Selliers. Paris 1984.
  Preis: ca. FF 70,–

Das Buch ist sicher unentbehrlich, wenn man längere Zeit in Paris bleibt und auf seinen Lieblingssport nicht verzichten will. Hier stehen die Adressen von Sportclubs und Sportanlagen für 79 verschiedene Sportarten.

- PARIS PAS CHER
  MA Editions. Erscheint jährlich in überarbeiteter Fassung neu.
  Preis: ca. FF 82,–

Dieser Führer wird in Paris wie rasend gekauft. Er gibt Auskunft darüber, wo man in Paris Kleidung, Antiquitäten, Schallplatten oder was sonst noch so auf dem Markt ist, am preiswertesten erstehen kann. Aber Vorsicht! Preiswert heißt nicht unbedingt billig! Da wird beispielsweise der Ausverkaufsladen eines Couturiers empfohlen, weil es dort Abendkleider der letzten Saison für DM 2.000,– statt für DM 5.000,– zu kaufen gibt. Es empfiehlt sich also, die Kommentare zu den einzelnen Geschäften genau zu lesen; Preislagen sind meistens angegeben. Noch ein Vorteil: viele erwähnte Geschäfte geben Prozente, wenn man beim Einkauf den Führer vorzeigt.

- MONDES A PARIS
  Edition Rochvignes.
  Preis: je ca. FF 90,– bis FF 120,–

Es handelt sich hier um eine Reihe von Reiseführern, in der bisher vier Titel erschienen sind:

- L' Asie à Paris
- L' Amérique du Nord à Paris
- L' Amérique latine à Paris
- L' Afrique à Paris

Die Führer sind für Touristen gedacht, die sich neben der französischen Kultur auch für die vielen fremden Kulturen interessieren, die inzwischen einen großen Teil des Pariser Stadtbildes ausmachen. Man findet sehr viele Adressen von Spezialitätenrestaurants, Nachtclubs, Museen, Kulturzentren, Geschäften, die Produkte der jeweiligen Region führen usw.

- PROMENADES D'ARCHITECTURE A PARIS
  Edition Le Monde. 2. Auflage Paris 1985.
  Preis: ca. FF 45,–

Diese Mappe, die von der Tageszeitung Le Monde herausgegeben wird, enthält sechs Faltblätter, die zu Architekturspaziergängen einladen. Jeder Rundgang (die Routen sind mit Hilfe von Karten genau angegeben) ist einem bestimmten Architekturstil gewidmet; so kann man sich sozusagen vor Originalen in die Stilrichtungen des Art Déco, des Jugendstils und der Eisenkonstruktionen des 19. Jahrhunderts einführen lassen. Außerdem wird eine Busrundfahrt um den Stadtkern, ein Spaziergang zu Künstlerateliers in Montparnasse und eine Erkundung von interessanten Sozialwohnungsbauten vorgeschlagen. Die Blätter sind sehr übersichtlich gestaltet.

- GUIDE DES PARCS ET JARDINS DE PARIS
  ET DE LA REGION PARISIENNE
  Edition Horay. Paris 1980.
  Preis: ca. FF 90,–

- PARIS RENDEZ VOUZ.
  Heure par heure, où sortir à Paris.
  Edition Hachette. Paris 1986.
  Preis: ca. FF 85,–

  Der Führer zeigt, daß es zu jeder Tages- und Nachtzeit Orte zum Rendez-vous mit Stil gibt. Auch wenn man sich viele Tips nicht leisten kann – die Lektüre des Buches, das vor Witz nur so sprüht, genügt schon.

FESTIVALS

In Paris finden ständig zu den verschiedensten Bereichen aus Kunst und Kultur (z. B. Film, Musik, Theater etc.) Festivals statt, die meist sehr interessant sind. Hier sollen nur einige wenige aufgeführt werden, die regelmäßig zu bestimmten Terminen im Jahr stattfinden. Die aktuellen Programme bekommt man im Pariser Fremdenverkehrsbüro.

Mai
- Beginn einer bis in den Juni hineindauernden Reihe von durch die Stadt organisierten klassischen Konzerten
- Theaterfestival und klassische Konzerte in Versailles
- Beginn der Wasserspiele an den Brunnen von Versailles (bis September jeweils zweimal monatlich)

Juni
- beginnend um den 15. 6. einen Monat lang Musik, Tanz und Theater beim Festival du Marais
- Festival de St. Denis
- Festival du Pont Neuf (Theater, Gesang, Pantomime auf der Brücke und der Place Dauphine)

Juli
- Beginn des Festival Estival, das alle Künste umfaßt und bis Mitte September andauert
- Mitte des Monats beginnt das dreimonatige Klassikfestival im Schloß von Sceaux

September
- Festival du Montmartre
- Ende des Monats beginnt das Festival d'Automne, sozusagen als Fortsetzung des Festival Estival

Oktober
- Beginn des Jazzfestivals am Ende des Monats

November
- Jazzfestival
- Festival d'Art sacré

Dezember
- Bis Weihnachten dauern das Festival d'Automne und das Festival d'Art sacré

FOTOGRAFIEREN

Filme zu kaufen und Filme entwickeln zu lassen, ist in Frankreich eine viel teurere Angelegenheit als in Deutschland. Fotografen sollten sich deshalb vor der Abreise gut versorgen und die Geduld aufbringen, ihre Fotos erst in Deutschland sehen zu wollen.

FREMDENVERKEHRSBÜROS

OFFICE DE TOURISME DE PARIS
ACCUEIL DE FRANCE

- 127, av. des Champs-Elysées
  Tel. 47 23 61 72
  Öffnungszeiten: täglich 9 – 21 Uhr, Sonntag 9 – 20 Uhr
  Nebensaison: täglich 9 – 20 Uhr, Sonntag 9 – 18 Uhr

- 18, rue de Dunkerque (Gare du Nord)
  Tel. 45 26 94 82
  Öffnungszeiten: täglich 8 – 22 Uhr, Sonntag 9 – 20 Uhr
  Nebensaison: täglich außer Sonntag 8 – 20 Uhr

- Gare de l'Est (Ankunfthalle)
  Tel. 46 07 17 73
  Öffnungszeiten: täglich 8 – 22 Uhr
  Nebensaison: täglich 8 – 13 Uhr und 17 – 20 Uhr

- Gare de Lyon (Ausgang Fernzüge)
  Tel. 43 43 33 24
  Öffnungszeiten: täglich außer Sonntag 8 – 22 Uhr
  Nebensaison: täglich 8 – 13 Uhr und 17 – 20 Uhr

- Gare d'Austerlitz (Ankunft Fernzüge)
  Tel. 45 84 91 70
  Öffnungszeiten: täglich außer Sonntag 8 – 22 Uhr
  Nebensaison: täglich außer Sonntag 8 – 15 Uhr

Telefonische Auskunft über aktuelle Veranstaltungen in Paris bekommt man in deutscher Sprache rund um die Uhr unter der Telefonnummer: 47 20 57 58

OFFICE DE TOURISME DE VERSAILLES
7, rue des Reservoirs Versailles
Tel. (78) 950 36 22
In Paris selbst bekommt man Auskunft über Versailles im
REISEBÜRO PERROSSIER
6, place de la Madeleine

COMITE REGIONAL DU TOURISME
ET DES LOISIRS D'ILE DE FRANCE
101, rue de Vaugirard
Tel. 42 22 74 43

FRIEDHÖFE

In Frankreich sind die Friedhöfe sehenswert, nicht umsonst ist ihnen in jedem Reiseführer ein ganzes Kapitel gewidmet. Sie sind wahre Totenstädte. Hier liegen nicht wie in Deutschland Blumen überall auf den Grabstellen. Die Blumen sind so tot wie die, denen sie gewidmet sind: aus Stein, Porzellan oder Metall. Im Wind klirren leise eiserne Lorbeerkränze gegeneinander, die an einer Art Grill aufgehängt sind. Ewige Lichter flackern in Grabhäusern, die die letzten Unterkünfte ganzer Dynastien sind. Die Friedhöfe sind Eldorados für alle, die Namensforschung betreiben wollen.
Ständige Gäste sind die Katzen, die auf Kreuzen und Kruzifixen herumturnen – und sie sind nicht etwa abgemagert! Alte Witwen versorgen nämlich nicht nur das Grab ihres Mannes, sondern auch die Katzen: mitunter stehen zwischen all den Relikten bunte Plastikschüsselchen auf der Erde, die mit rohem Hackfleisch gefüllt sind ... ein nicht ganz unmakabrer Anblick ...
Im Winter ist die morbide Stimmung auf den Friedhöfen natürlich noch unterstrichen – kahle Bäume, kalter Wind, der durch die Totenhäuschen streicht, früh einbrechende Dunkelheit. Schnell kann man sich hier fürchten und auf der Suche nach einem ganz bestimmten Grab sich im Labyrinth der „Divisions" verlaufen, so daß die ‹heure de fermeture›, die Torschlußzeit, immer näher rückt. Also am Eingang nachsehen, wann man sich zum Rückzug gemahnen sollte!
Ein weiteres Argument für einen Friedhofsbesuch zur kühleren Jahreszeit: wer mit pietätlos-kurzen Hosen ankommt, wird des Geländes verwiesen.

PERE LACHAISE
Métro: Père Lachaise

Der größte der Pariser Friedhöfe. Außer den Grabstellen verschiedener illustrer Persönlichkeiten steht hier ein beeindruckend-bedrückendes Mahnmal für die im Faschismus ermordeten Juden. (Siehe auch Spaziergang im ersten Teil des Führers).

CIMETIERE DU MONTMARTRE
Métro: Pigalle

Was das Verrückte an diesem Friedhof ist: die Eisenbahnbrücke, unter der er gelegen ist. Von Zeit zu Zeit rattert ein Zug über die Grabhäuser hinweg und läßt die Gebeine nicht zur Ruhe kommen.
Der Friedhof ist Ruhestätte so berühmter Leute wie Heinrich Heine, Stendhal oder Berlioz. (Siehe Plan).

CIMETIERE DE PASSY
Métro: Trocadéro
Letzte Ruhestätte des Malers Edouard Manet, seines Bruders und seiner Schwägerin Berthe Morisot.

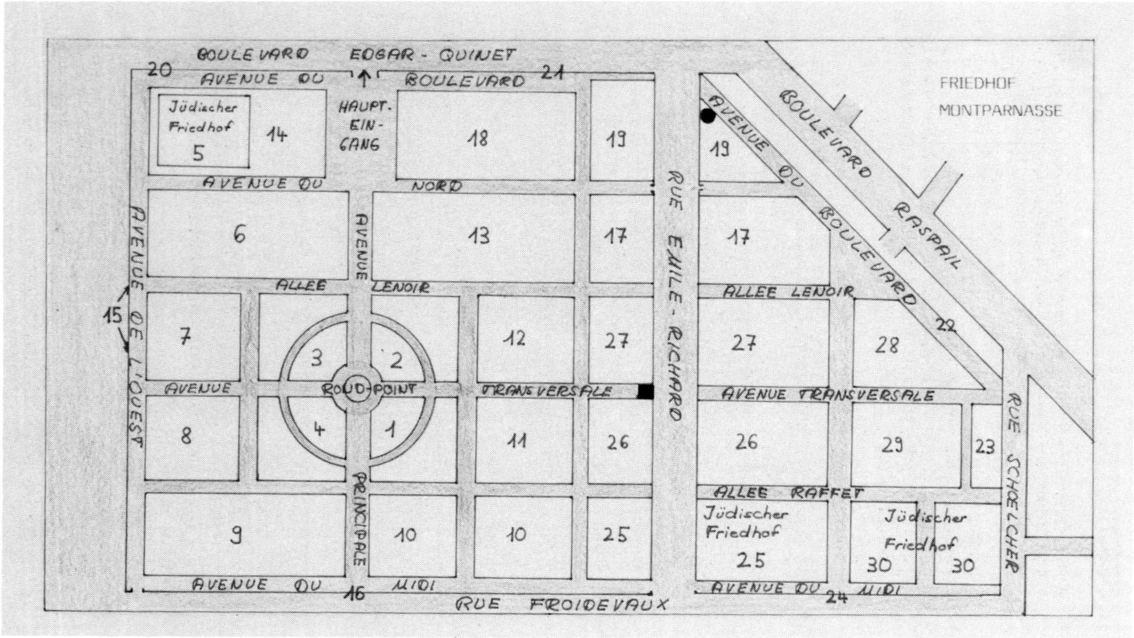

FRIEDHOF
MONTPARNASSE
BOULEVARD EDGAR - QUINET
AVENUE DU BOULEVARD
HAUPT-EIN-GANG
AVENUE DU NORD
BOULEVARD RASPAIL
AVENUE DU BOULEVARD
RUE EMILE - RICHARD
ALLEE LENOIR
AVENUE TRANSVERSALE
ALLEE RAFFET
RUE SCHOELCHER
AVENUE DU MIDI
RUE FROIDEVAUX
AVENUE DE L'OUEST
AVENUE PRINCIPALE
ROND-POINT
Jüdischer Friedhof
20
21
22
24
16
15
1
2
3
4
5
6
7
8
9
10
11
12
13
14
17
18
19
23
25
26
27
28
29
30

CIMETIERE ST. VINCENT
Métro: Lamarck-Caulaincourt
Ebenfalls auf dem Montmartre gelegen, ist dieser Friedhof das winzige Gelände, auf dem als einzige Prominenz Utrillo und Steinlen liegen, die Maler vom Montmartre.

CIMETIERE DE MONTPARNASSE
Métro: Montparnasse-Bienvenue
Vom Inneren des Friedhofs aus einen Blick über die Mauer nach draußen werfen! Hinter verwitterten Grabsteinen erheben sich ultramoderne Wolkenkratzer und die Häßlichkeit des Sheraton-Hotels.

FRIEDHOF MONTPARNASSE

Regnault	4. Division
Baudelaire	6. Division
Laurens	7. Division
Le Verrier	11. Division
Saint-Säens	13. Division
Soutine	14. Division
Desnos	15. Division
Tzara	
Zadkine	
Bourdelle	
Brancusi	18. Division
Pigeon	22. Division
Poincaré	25. Division
César Franck	26. Division
Valentin	27. Division
Bartholdi	28. Division
Dreyfuss	29. Division
Labori	
Kahn	30. Division

Außer den Grabsteinen sind noch zwei Statuen zu bewundern, die ebenfalls auf dem Friedhof angesiedelt sind:

Der KUSS von Brancusi, auf der Karte mit diesem ● Zeichen eingetragen.
Das Denkmal, das BAUDELAIRE gewidmet ist, auf der Karte folgendermaßen eingezeichnet: ■

Noch in Tip: eines der schönsten Gräber ist das des Monsieur Pigeon, des Erfinders einer berühmten Lampe. Also, seine Ruhestätte ansehen, auch wenn der Name kein Begriff ist.

„Auf dem Friedhof am Montmartre
Weint sich aus der Winterhimmel
Und ich springemit dünnen Schuhen
Über Pfützen, darin schwimmen
Kippen, die sich lanngsam öffnen
Kötel von Pariser Hunden
Und so hatt' ich nasse Füße
Als ich Heines Grab gefunden.

Unter weißem Marmor frieren
Im Exil seine Gebeine
Mit ihm liegt die Frau Mathilde
Und so friert er nicht alleine.
Doch sie heißt nicht mehr Mathilde
Eingemeißelt in dem Steine
Steht da groß sein großer Name
Und darunter bloß: FRAU HEINE

Und im Kriege, als die Deutschen
An das Hakenkreuz die Seine-
Stadt genagelt hatten, störte
Sie der Name HENRI HEINE!
Und ich weiß nicht wie, ich weiß nur
Das: er wurde wegegemacht
Und wurd' wieder angeschrieben,
Von Franzosen manche Nacht.

Auf dem Friedhof am Montmartre
Weint sich aus der Winterhimmel
Und ich sprang mit dünnen Schuhen
Über Pfützen, darin schwimmen
Kippen, die sich langsam öffnen
Kötel von Pariser Hunden
Und ich hatte nasse Füße
Als ich Heines Grab gefunden."

Wolf Biermann aus: Besuch bei Toten.
Ein imaginärer Friedhof
angelegt von Peter Maigler.
Insel. 1985.

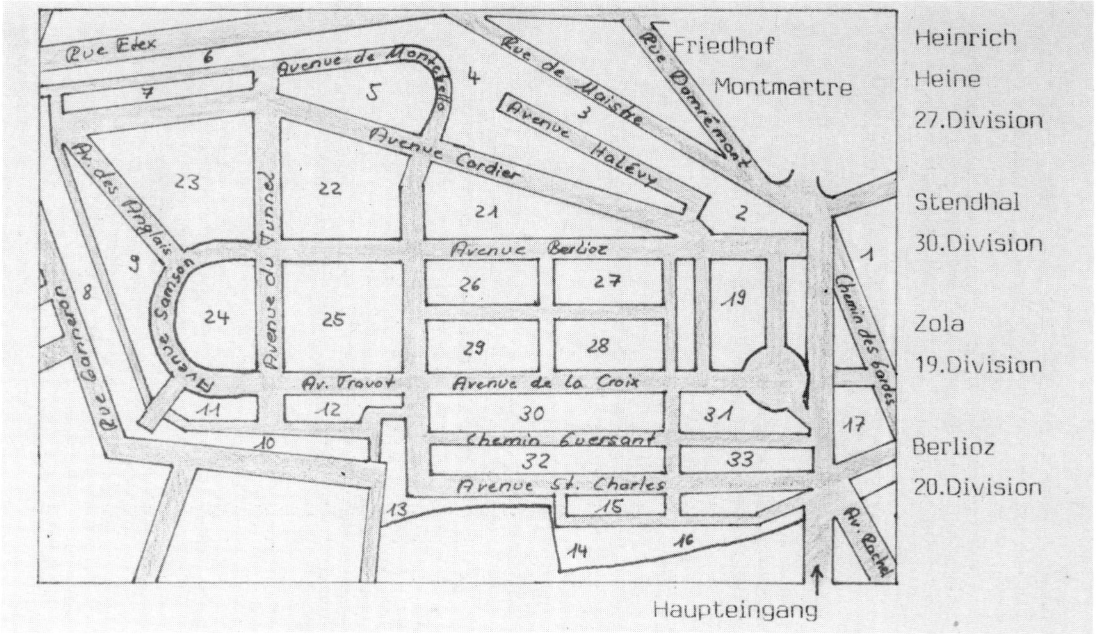
Friedhof
Montmartre
Heinrich
Heine
27.Division
Stendhal
30.Division
Zola
19.Division
Berlioz
20.Division
Haupteingang
Rue Etex
Rue de Maistre
Rue Damrémont
Avenue de Montebello
Avenue Halévy
Avenue Cordier
Av. des Anglais
Avenue du Tunnel
Avenue Berlioz
Avenue Samson
Av. Travot
Avenue de la Croix
Chemin Guersant
Avenue St. Charles
Chemin des bardes
Av. Rachel
Rue Ganneron

FRISEURE

Warum sollte man fürs Haareschneiden Geld ausgeben, wenn man zu den Trainingszeiten bei fast allen namhaften Friseuren die neuesten Haarschnitte gratis oder geradezu traumhaft billig bekommt! Ein paar Stunden Zeit geopfert und Pariser Chic macht sich selbst auf dem Kopf „armer" Touristen bemerkbar.

Hier die Adressen und Trainingszeiten:

JACQUES DESSANGE
51, rue du Rocher
Tel. 47 20 68 58
Training mittwoch abends für Teenager und sehr junge Frauen. Telefonische Anmeldung notwendig.

JEAN-LOUIS DAVID
50 bis, rue Pierre Charron
Tel. 47 20 68 58
Hier schneiden Friseure aus aller Welt gratis am Montag, Dienstag und Mittwoch von 10 bis 15 Uhr.

HARLOW
4, rue de Sèze
Tel. 47 42 40 67
Training jeden Dienstag abend nach telefonischer Anmeldung.

JEAN-MARC MANIATIS
18, rue Marbeuf
Tel. 47 20 34 90
Montags bis donnerstags von 17.30 Uhr bis 22.30 Uhr wird hier an freiwilligen Köpfen geprobt. Anmeldung direkt im Salon.

JEAN-PHILIPPE PAGES
67, rue Rambuteau

Der Salon fällt eigentlich aus dem Rahmen dieser Rubrik, denn hier muß man bezahlen, aber er sei dennoch als Tip genannt, weil man Frisuren wie die hier kreierten nirgendwo sonst gemacht bekommt. Pagès schneidet die Haare meistens kurz und koloriert sie dann recht farbenfreudig. Eine seiner Entwürfe läßt den Hinterkopf beispielweise wie einen Fußball erscheinen. Alle Frisuren kann man auch auf Postkarten kaufen, wenn man nicht den Mut hat, sie auf dem Kopf zu tragen. Vielleicht spielt auch das Geld eine Rolle, denn ein Schnitt plus Färbung kostet rund FF 380,–. Toll ist es trotzdem und jedenfalls irre kreativ.

GALERIEN

In Paris gibt es unzählig viele Galerien, die hier nicht alle aufgeführt werden können. Die meisten von ihnen sind in einem Faltblatt aufgelistet, das in den genannten Galerien ausliegt. Es erscheint alle drei Monate neu und informiert über die laufenden Ausstellungsprogramme und Vernissagen. Die blau markierte Seite ist für das linke Seine-Ufer (rive gauche), die rote für die Beaubourg-Marais-Halles-Zone (rive droite) zuständig.

Hier eine lohnenswerte Auswahl:

I. INTERNATIONALE UND AKTUELLE KUNSTSZENE:

- GALERIE ALAIN BLONDEL
  4, rue Aubry-le-Boucher
- GALERIE ANTIOPA FRANCE
  57, rue St. Louis-en-l'Ile
- GALERIE BASTILLE
  20, rue de Lappe
- GALERIE BEAUBOURG
  23, rue du Renard
- GALERIE DANIEL TEMPLON
  30, rue Beaubourg
- GALERIE D'ART INTERNATIONAL
  12, rue Jean-Ferrandi
- GALERIE DE FRANCE
  50–52, rue de la Verrerie
- GALERIE DONGUY
  57, rue de la Roquette
- GALERIE JAMES MAJOR
  34, rue Mazarine
- GALERIE JEAN FOURNIER
  44, rue Quincampoix
- GALERIE J. P. LAVIGNES
  15, rue St. Louis-en-l'Ile
- LILIANE & MICHEL DURAND-DESSERT
  3, rue des Haudriettes
- GALERIE LUCIEN DURAND
  19, rue Mazarine
- GALERIE MEDICIS
  17, place des Vosges
- PARIS ART CENTER
  36, rue Falguierre
- GALERIE ZABRISKIE
  37, rue Quincampoix

II. FOTOKUNST

- GALERIE DE LA SOCIETE FRANCAISE DE PHOTOGRAPHIE
  7, rue Montalembert

III. Zu den wohl schönsten und größten Pariser Kunsthandlungen, die in der Hauptsache die internationale Klassische Moderne sowie bedeutende Vertreter zeitgenössischer Kunst ausstellen, gehören die renommierten Galerien

- ADRIEN MAEGHT
  42, rue du Bac
- CLAUDE BERNARD
  5–9, rue des Beaux-Arts
- KARL FLINKER
  25, rue de Tournon
- MAEGHT LELONG
  13–14, rue de Téhéran

Hier gibt es Kataloge, Bücher, Plakate, Reproduktionen und viel originale Graphik.

Ein Wort zum Schluß: Ein Galerienbesuch bedeutet gewöhnlich, in dem Irrgarten Paris stets ein Ziel zu haben. Damit ist gleichzeitig ein neuer Entdeckungsweg innerhalb der einzelnen Quartiers gewährleistet. Sehr empfehlenswert und billig!

ACHTUNG: in den Sommermonaten haben fast alle Galerien geschlossen!

HOTELS

In der folgenden Übersicht seien nur einige wenige Hotels aufgeführt, vornehmlich aber solche, in denen ein Doppelzimmer für etwa FF 100,– zu haben ist – was sich steigert mit Bidet, Dusche und eigenem Klo.
Nicht alle dieser Hotels sind erprobt, aber wo eins auf Verdacht vorgeschlagen ist, haben wie die Adresse als „ruhige" Lage beurteilt.
Grundsätzlich sollte man in kleinen Hotels Zimmer im voraus schriftlich reservieren und möglichst noch einen Scheck als Anzahlung mitschicken. Wer auf gut Glück nach Paris fährt, der sollte nicht im Zentrum, sondern lieber im Norden des Montmartre oder Richtung Montparnasse ein Hotel suchen.

HOTELS / KATEGORIE ADRESSE	METRO	TELEPHON	EINZELZIMMER MINI. – MAXIMUM	DOPPELZIMMER MINI. – MAXIMUM	FRÜHSTÜCK	ANZAHL D. ZIMMER
RESIDENCE VAUVILLIERS* 6, RUE DE VAUVILLIERS	LOUVRE / HALLES	42 36 89 08	70 – 95 FF	105 FF	15,50 FF	15
HOTEL DES PAVILLONS* 14, RUE DES VAUVILLIERS	LOUVRE / HALLES	45 08 42 92	50 – 80 FF	80 – 160 FF	14,00 FF	21
HOTEL TIQUETONNE* 6, RUE TIQUETONNE	HALLES	42 36 94 58	56 – 111 FF	68 – 111 FF	15,00 FF	47
HOTEL MOLAY* 94, RUE DES ARCHIVES	HOTEL DE VILLE	42 72 68 22	49 FF – 56 FF	100 – 124 FF	14,00 FF	24
GRANDHOTEL MALHER 5, RUE MALHER	ST. PAUL	42 72 60 92	56 – 124 FF	68 – 209 FF	13,00 FF	36
HERSE D'OR* 20, RUE ST. ANTOINE	BASTILLE	48 87 84 09	55 – 60 FF	70 – 80 FF	12,00 FF	36
HOTEL CUJAS* 18, RUE CUJAS	LUXEMBOURG (RER)	43 54 58 10	60 – 85 FF	60 – 135 FF	11,00 FF	51
LE CENTRAL* 6, RUE DESCARTES	CARDINAL LEMOINE	46 33 57 93	73 – 92 ff	100 – 145 FF	INCL.	17
NEVERS LUXEMBOURG* 3, RUE DE L'ABÉE DE L'EPEÉ	LUXEMBOURG (RER)	43 26 81 83	52 – 91 FF	62 – 133 FF	12,50 FF	26
HOTEL ALSACE LORRAINE 14, RUE DES CANETTES		43 25 10 14	65 – 85 FF	85 – 150 FF	15,00 FF	35
HOTEL DE BUCI* 22, RUE DE BUCI	ODEON	43 26 89 22	74 – 148 FF	111 – 148 FF	20,00 FF	25

HOTELS / KATEGORIE ADRESSE	METRO	TELEPHON	EINZELZIMMER MINI. – MAXIMUM	DOPPELZIMMER MINI. – MAXIMUM	FRÜHSTÜCK	ANZAHL D. ZIMMER
COMETE HOTEL* 15, RUE DE LA COMETE	LATOUR – MAUBOURG	47 05 08 53	59 – 90 FF	78 – 169 FF	13,00 FF	44
HOTEL BELLEVUE* 46, RUE PASQUIER	ST. AUGUSTIN / OPERA	43 87 50 68	64 – 76 FF	68 – 134 FF	13,50 FF	48
HOTEL WILSON* 10, RUE DE STOCKHOLM	EUROPE / GARE ST. LAZARE	45 22 10 85	75 – 115 FF	90 – 130 FF	INCL.	35
HOTEL TELEMAQUE* 19, RUE ROGER	GAITÉ / DENFERT-ROCHE.	43 20 72 92	59 FF	74 – 128 FF	12,25 FF	39
HOTEL DE LA POSTE* 37, RUE DE L'ANNONCIATION	LA MUETTE	42 88 47 28	75 FF	90 – 150 FF	16,50 FF	17
HOTEL BEAUSEJOUR* 1, RUE LEPIC	ABBESSES	46 06 45 08	55 FF	70 – 90 FF	12,00 FF	22
HOTEL CENTRAL* 110, RUE DAMREMONT	LAMARCK / CAULAINCOURT	42 64 25 75	47 – 60 FF	76 – 96 FF	12,00 FF	43
HOTEL DES GRANDES ECOLES 75, RUE DU C.-LEMOINE	CARDINAL LEMOINE	43 26 79 23 GARTEN !				
TIMHOTEL MONTMARTRE** 11, PL. EMILE GOUDEAU	ABBESSES	42 55 74 79	70 – 180 FF	257 FF	12,50 FF	61
HOTEL D'ARGENSON** 15, RUE D'ARGENSON	ST. AUGUSTIN / MIROMESIL	42 65 16 87	150 FF		INCL.	

ILE-DE-FRANCE

Die Umgebung von Paris bietet Touristen sehr viele Attraktionen; neben Sportmöglichkeiten, Museen und Festivals fasziniert die Schönheit der Landschaft mit ihren Schätzen an mittelalterlichen Bauten und kleinen Dörfern, deren Bild durch die französischen Maler und vor allem durch die Impressionisten weltberühmt wurde.
Die hier aufgelisteten Informationen dienen nur zur Anregung; genauers erfährt man im Fremdenverkehrsbüro der Ile-de-France (Adresse: s. entsprechendes Stichwort).

I. ERHOLUNGSZENTREN
- Das Sandmeer von Ermenonville
- Der Safaripark von Saint-Vrin
  (in Safariwagen fährt man durch das Freigehege wilder Tiere)

II. MUSEEN

– Bièvres:	MUSEE DE LA PHOTO
– Château de Malmaison:	MUSEE DE L'EPOQUE NAPOLEONIENNE
– Giverny:	MUSEE CLAUDE MONET
– Montmerency	MUSEE JEAN-JACQUES ROUSSEAU
– Pontoise:	MUSEE PISSARRO
– Provins:	MUSEE DU MOYEN AGE
– Sceaux:	MUSEE DE L'ILE DE FRANCE

III. SCHLÖSSER
- Chantilly (siehe Sonderbericht)
- Fontainebleau
- Saint-Germain-en-Laye
- Versailles (siehe Stichwort)

JAZZ

Über die aktuellen Jazzkonzerte informieren nicht nur Pariscope und der Officiel des Spectacles, sondern auch ein Tonband, das man telefonisch unter der folgenden Nummer erreichen kann:

Info JAZZ Tel. 42 33 57 30

Die Pariser Jazzszene ist sehr interessant, jedoch sind die Karten für die Konzerte in den Clubs relativ teuer (etwa FF 60,–). Dennoch lohnt sich ein Besuch, denn außer vielen Stars, die hier regelmäßig auftreten, gibt es auch immer viele originelle Leute zu beobachten. Um Konzertkarten sollte man sich in jedem Fall rechtzeitig bemühen; Abendkasse ist meist aussichtslos.

Hier nur eine Auswahl der unzähligen Clubadressen:

LE BAISER SALE 55, rue des Lombards	Tel. 42 33 31 71
CAMBRIDGE 17, av. de Wagram	Tel. 43 60 34 12
CAVEAU DE LA HUCHETTE 5, rue de la Huchette	Tel. 43 25 95 05
DUNOIS 28, rue Dunois	Tel. 46 94 72 00
ECUME 99 bis, rue de l'Ouest	Tel. 45 42 75 16
JAZZ CLUB PARNASSE 2000 24, rue Falguière	Tel. 43 20 73 70
MERIDIEN Porte Maillot	Tel. 47 58 12 30
LE MONTGOLFIER SOFITEL PARIS 8 – 12, rue Louis-Armand	Tel. 45 54 30 00
LE MONTANA 28, rue St.-Benoît	Tel. 45 48 62 15
NEW MORNING 7, rue des Petites-Ecoles	Tel. 45 23 51 41
PETIT JOURNAL 71, bd. St. Michel	Tel. 43 26 28 59
PETIT JOURNAL MONTPARNASSE 13, rue du Commandant-Mouchotte	Tel. 43 21 56 70
PETIT OPPORTUN 15, rue des Lanvandières-Ste.-Opportune	Tel. 43 36 01 36
STAND BY JAZZ CLUB 1, rue Laplace	Tel. 46 33 96 23
SLOW CLUB 130, rue de Rivoli	Tel. 42 33 84 30
LA SPHERE 93, rue Oberkampf	Tel. 48 06 77 96
SUNSET 60, rue des Lombards	Tel. 42 61 46 60
TWENTY ONE 21, rue Daunou	Tel. 42 60 40 61
UTOPIA JAZZ CLUB 1, rue Niepce	Tel. 43 22 79 66

JUGENDHERBERGEN

Im Zentrum von Paris gibt es sechs Jugendherbergen, in denen auch ausländische Jugendliche übernachten können, wenn sie einen Mitgliedsausweis der L.F.A.J. (Ligue Française pour les Auberges de Jeunesse) besitzen. Der Ausweis, der ein Jahr gültig ist, kostet etwa FF 120,– und ist bei folgenden Stellen in Paris erhältlich:

L.F.A.J.
Bureau d'accueil
83, rue de Rennes
75006 Paris Tel. 45 49 11 73
Öffnungszeiten: Montag bis Freitag 9 – 19 Uhr
Samstag 10 – 13 Uhr

L.F.A.J.
Siège social
38, bd. Raspail
75007 Paris Tel. 45 48 69 84
Öffnungszeiten: Montag bis Freitag 9 – 18 Uhr

M.J.C.
4, rue Mercoeur
75011 Paris Tel. 43 79 25 54

Bei allen drei Stellen kann man sich schon von Deutschland aus schriftlich oder telefonisch informieren und die Mitgliedskarte anfordern.
Hat man sich für einen Reisetermin entschieden, empfiehlt es sich, den Jugendherbergsplatz zu reservieren. Zwei Büros stehen dafür zur Verfügung:

A.J.F.
139, bd. St. Michel
75005 Paris Tel. 43 54 95 86
Öffnungszeiten: Montag bis Freitag 9.30 – 19 Uhr

ACCEUIL DES JEUNES EN FRANCE
119, rue St. Martin
75004 Paris Tel. 42 77 87 80
Öffnungszeiten: Montag bis Freitag 9.30 – 19 Uhr.

JUGENDHERBERGEN IN PARIS

ADRESSE	ÖFFNUNG	MÉTRO	ANZ. BETTEN	PREIS/NACHT	FRÜHSTÜCK	ESSEN	BETTWÄSCHE
A. J. F. 270, RUE ST. JACQUES 75005 PARIS TEL. 43 25 06 20	VOM 1. 7. – 27. 9. PERMANENT	PORT ROYAL	430	CA. FF 62,–	INCL.		INCL.
A. J. F. 53, RUE LHOMOND 75005 PARIS TEL. 43 36 18 12	VOM 8. 7. – 6. 9. PERMANENT	CENSIER- DAUBENTON	150	CA. FF 62,–	INCL.		
A. J. F. 151, AV. LEDRU-ROLLIN 75011 PARIS TEL. 43 79 53 86	PERMANENT AUSSER VON 12 – 14 UHR	LEDRU- ROLLIN	140	CA. FF 55,–	INCL.		INCL.
M. I. J. E. 12, RUE DE BARRES 75004 PARIS TEL. 42 74 23 45	PERMANENT	ST. PAUL ODER HÔTEL-DE- VILLE	122	CA. FF 55,–	CA. FF 10,–	CA. FF 36,– UND FF 24,–	INCL.
M. I. J. E. 11, RUE DU FAUCONNIER 75004 PARIS TEL. 42 74 23 45	PERMANENT	ST. PAUL ODER PONT MARIE	102	CA. FF 55,–	CA. FF 10,–	CA. FF 36,– UND FF 24,–	INCL.
M. I. J. E. 6, RUE DE FOUCY 75004 PARIS TEL. 42 74 23 45	PERMANENT	ST. PAUL O. ODER PONT MARIE	160	CA. FF 55,–	CA. FF 10,–	CA. FF 36,– UND FF 24,–	INCL.

KINO

Mit den Kinos in Paris ist es schon eine wahre Krux: angesichts des unwahrscheinlichen Angebots an Filmen, die es in der Stadt zu sehen gibt, möchte man sich ungehemmt ins Vergnügen stürzen und muß dann enttäuscht feststellen, daß ein Kinobesuch hier eine recht teure Angelegenheit ist. Ein Billet kostet um die DM 10,– bis 15,– und liegt damit bei weitem über den deutschen Preisen. Deshalb einige Hinweise, wie und wo es Ermäßigungen gibt.
Alle Kinos an Touristenplätzen wie den Champs-Elysées und dem Quartier de l'Opéra sind zu meiden, da man dort immer den vollen Preis bezahlen muß. Studenten erhalten Ermäßigungen auf Vorlage eines Ausweises vor allem im Quartier Latin, also in den Kinos zwischen Boulevard St. Michel und Boulevard St. Germain. Dies gilt jedoch nur an Wochentagen, ausgenommen Freitagabend. Der Eintritt ermäßigt sich in der Regel auf etwa FF 21,–. Montags gewähren viele Kinos diesen Sonderpreis allen Besuchern. Vorsicht, früh kommen, denn die Warteschlangen sind lang!
Eine besondere Idee haben sich die Kinos der Gruppe Action Christine ausgedacht: der Besucher erhält eine Treuekarte, mit der er nach dem fünften Besuch einen freien Eintritt erhält. Die Karte ist jeweils ein Jahr lang gültig.

Hier die Adressen der Kinos:

- Action Christine 1 & 2, 4, rue Christine
- Action Christine bis 1 & 2, 10, rue des Grands Augustins
- Action Rive Gauche 1 & 2, 5, rue des Ecoles
- Action Ecoles 1 & 2, 23, rue des Ecoles
- Mac Mahon, 5, av. Mac Mahon
- Action Lafayette 1 & 2, 9, rue Buffault

Noch zu empfehlen ist die Cinémathèque, das Programmkino im Centre Pompidou, das auch noch eine Zweigstelle im Palais Chaillot am Trocadéro hat. Hier wechseln die Filme täglich; man sieht Klassiker der Filmgeschichte aus aller Welt oder hat anläßlich eines Festivals Gelegenheit, Einblick in die Filmproduktionen eines bestimmten Landes oder Kulturkreises zu bekommen. Der Eintritt kostet nur etwa FF 15,–, für Besitzer des Laissez-Passer von Beaubourg sogar nur FF 7,–.
Das laufende Kinoprogramm ist ausführlich im Pariscope oder im Officiel des spectacles abgedruckt. Dort stehen auch die Anfangszeiten der Filme. Meistens findet man zwei Zeiten angegeben, nämlich die der „Séance" und die des Films. Die „Séance" beginnt immer etwa 20 Minuten früher als der eigentliche Film und beinhaltet die Werbefilme, mit denen der Besucher bombardiert wird. Man sollte immer zum Beginn der Séance da sein, da die Chance auf ein Billet sonst äußerst gering ist.

Die Platzanweiserinnen in den Kinos bekommen meist kein Gehalt, sondern leben von den Trinkgeldern, die ihnen die Besucher in die Hand drücken. Etwa FF 2,– sind üblich.
In den Programmen tauchen auch immer wieder Abkürzungen auf, die erklärungsbedürftig sind. Wird ein Film mit „v. o." bezeichnet, so heißt das, daß er in der Originalsprache (für einen amerikanischen Film also beispielsweise Englisch) gezeigt wird. „V. f." bedeutet dann, daß der Film mit französischer Übersetzung bestückt ist.

KIRCHEN

In Paris gibt es elf Kirchen, die man unbedingt gesehen haben muß, wenn man sich für Architektur und Kunst interessiert. Wir wollen sie hier nur kurz aufzählen und ihre Entdeckung dem Besucher selbst überlassen.
(Siehe auch die Sonderberichte zu La Sainte Chapelle und der Basilika von St. Denis, die hier nicht noch einmal aufgelistet sind).

– KATHEDRALE NOTRE-DAME	
– SAINT GERMAIN-DES-PRES	Sie gilt als älteste Pariser Kirche (außer der unter dem Parvis Notre-Dame natürlich), da sie einen karolingischen Glockenturm besitzt. Stil: romanisch-gotisch.
– ST. GERMAIN-L'AUXERROIS	1230 erbaut; berühmte Statue der Maria Magdalena aus dem 15. Jahrhundert.
– ST. JULIEN-LE--PAUVRE	Baubeginn: 1170
– ST. PIERRE-DE-MONTMARTRE	Gotischer Chor.
– SAINT SEVERIN	Alte Universitätskirche mit Beinhaus im Klostergarten. Stil: Spätgotik (flamboyant).
– SAINT SULPICE	Zwei sehr sehenswerte Fresken Delacroix's.

Abgesehen von den gotischen Kirchen möchten wir noch zwei Gotteshäuser empfehlen, die die beginnende Renaissance anzeigen.

- ST. ETIENNE-DU-MONT
- SAINT EUSTACHE

KLAMOTTEN

Paris, die Modestadt – das ist wirklich nicht bloß ein inhaltsleeres Klischee. Man findet hier viel Originelles zum Anziehen, Pariser Chic, der in Deutschland Furore machen wird. Natürlich zahlt man nicht die horrenden Preise, die in den Boutiquen gefordert werden. In der Stadt gibt es genügend Läden, die ständig Sonderangebote haben, da sie die Kollektionen der großen Marken aus der vorhergehenden Saison zu Schleuderpreisen verkaufen. Alles ist mindestens 30%, meist jedoch sogar 50% billiger als im normalen Laden.

Junge, farbenfrohe und witzige Mode findet man in folgenden Boutiquen:

- ANTARES
  Tel. 42 77 10 56
  40, bd. Sébastopol
  Leder, avantgardistisch gestylt, billige Hemden und Pullover. Sehr à la mode.

- BYBLOS
  Tel. 48 74 44 80
  56, rue de la Chaussée d'Antin
  Naf-Naf, E. Khan, G. Rech, French Connection usw. (Männer und Frauen).

- JIGGER
  Tel. 45 48 23 75
  15, boulevard St. Michel
  Dauernd neue Sachen zu wirklich sensationellen Preisen. (Herren- und Damenkonfektion).

- ERIC SOLD
  Tel. 45 66 78 39
  81 und 88, rue Lecourbe
  Ein Riesenlager für Männer und Frauen.

- LA CLEF DES SOLDES
  Tel. 47 05 04 55
  99, rue Saint Dominique
  Gute Qualitäten zu Niedrigpreisen. (auch für Kinder!).

Wer lieber etwas mehr anlegen, dafür aber auch ein Stück eines Modeschöpfers erstehen will, der in aller Munde ist, geht zu

- TOUTES GRIFFES DEHORS
  76, rue Saint Dominique
  Tel. 45 51 68 14

  und
  84, rue de Sèvres
  Tel. 45 67 00 64
  (nur für Frauen).

KONZERTSÄLE

Das Konzertprogramm entnimmt man den einschlägigen Veranstaltungskalendern und den Tageszeitungen. Ein Tip: Unter der Rubrik ‹Les rendez-vous de Pariscope› veröffentlicht die Zeitschrift auf einer ihrer ersten Seiten regelmäßig Konzertankündigungen für Konzerte mit bekannten Stars aus aller Welt, für die man schon Wochen vorher Karten besorgen muß, zu einem sehr frühen Zeitpunkt.

AMPHITHEATRE RICHELIEU DE LA SORBONNE
1, rue Victor-Cousin — Tel. 45 89 01 60
Sehr oft Mittagskonzerte, für Studenten zum Spottpreis.

CENTRE POMPIDOU (IRCAM) — Tel. 42 78 79 95
Viel zeitgenössische und außereuropäische Musik, Mut zum Experiment.

CHAPELLE ST. LOUIS-LA-SALPETRIERE
47, bd. de l'Hôpital — Tel. 45 70 27 27

COUVENT DE L'ANNONCIATION
222, Faubourg St. Honoré — Tel. 45 63 04 12

CRYPTE ST. AGNES
1, rue Montmartre — Tel. 42 96 88 32

EGLISE AMERICAINE	65, quai d'Orsay
EGLISE DES BILLETTES	24, rue des Archives
EGLISE ST. ETIENNE-DU-MONT	Place du Panthéon
EGLISE ST. GERMAIN-DES-PRES	Place St. Germ.-d.-Prés
EGLISE ST. GEORGES	7, rue Auguste-Vacquerie
EGLISE ST. JULIEN-LE-PAUVRE	Quai Montebello
EGLISE ST. LOUIS-EN-ILE	19 bis, rue St. Louis-en-l'Ile
EGLISE ST. MERRI	78, rue St. Martin
EGLISE ST. ROCH	296, rue St. Honoré
EGLISE ST. SEVERIN	1, rue des Prêtres-St. Severin

INSTITUT NEERLANDS
121, rue de Lille — Tel. 47 05 85 99

LUCERNAIRE
53, rue Notre-Dame-des-Champs — Tel. 45 44 57 34

MAISON DE LA RADIO
116, av. du Président Kennedy — Tel. 45 24 15 10

SAINTE CHAPELLE
4, bd. du Palais — Tel. 42 25 67 07

SALLE GAVEAU
45, rue La Boétie — Tel. 45 63 20 30

SALLE PLEYEL
252, fg. St. Honoré Tel. 45 63 88 73
Das Stammhaus des ‹Orchestre de Paris›, zur Zeit unter der Leitung von Daniel Barenboim.

SALLE FAVART
5, rue Favart Tel. 42 96 12 20

THEATRE DES CHAMPS-ELYSÉES
15, avenue Montaigne Tel. 47 23 47 77

THEATRE DE LA CITE INTERNATIONALE
21, bd. Jourdan Tel. 45 89 38 69

THEATRE MUSICAL PARIS-CHATELET
Place Châtelet Tel. 42 61 19 83

THEATRE DE LA VILLE
Place Châtelet Tel. 42 74 22 77

THEATRE MUSICAL GREVIN
10, bd. Montmartre Tel. 43 26 26 60

THEATRE DE LA RENAISSANCE
20, bd. St. Martin Tel. 42 08 21 73

THEATRE DU ROND POINT
Avenue Franklin-Roosevelt Tel. 42 56 70 80
Sehr gute Sonntagmorgen-Kammerkonzerte.

KUCHEN

„Man wurde sehr hungrig, wenn man in Paris nicht genug aß, weil alle Bäckereien so gute Sachen in der Auslage hatten und die Leute im Freien an Tischen auf dem Bürgersteig aßen, so daß man das Essen sah und roch."

Ernest Hemingway in „Paris – ein Fest fürs Leben."

Es ist ihm nachzufühlen, dem hungrigen Ernest Hemingway, der in seiner Pariser Zeit kaum Geld für ein simples Baguette übrighatte. Die zitierten Köstlichkeiten in den Auslagen sind mit kleinen Namensschildchen angetan, und wenn es sich nicht gerade um Eclairs oder Croissants handelt, steht man oft wässrigen Mundes vor einem Schaufenster ohne zu wissen, welche Ingredienzen sich in wohlklingenden Namen verbergen. Darum hier ein paar Anhaltspunkte.

BUCHE Bisquit mit viel üppiger Buttercreme. Zu Weihnachten gibt es allerorts die schokoladige „Buche de Noël."

CAKE	08/15 Kuchen mit kandierten Früchten, der in bestimmt 70% der französischen Haushalte am Wochenende fabriziert wird.
CHOUQUETTES	Kleine Windbeutelchen mit Hagelzucker drauf und nichts drin, also was für Kalorienbewußte.
CONGOLAIS	Weiße Kokosplätzchen
DIPLOMATE	Ein ganz raffinierter, „diplomatischer" Kuchen, in dem die übriggebliebenen Baguettes der ganzen Woche verbacken sind, schmackhaft verbunden durch eine Art Schokoladenmasse. Ein wahrer „Bremsklotz" allerdings dieser Diplomat!
FINANCIERES	Viereckige Sandteigkuchen, sehr sanft auf der Zunge.
FLAN	Bretonischer Puddingkuchen, wahlweise mit Backobst oder Aprikosen angereichert (sehr guten gibt es in der Rue St. André des Arts).
FRAISIER	Allgemein beliebte Erdbeerschnitten mit frischen Früchten, Creme und Marzipanüberzug.
PARIS-BREST	Brandteigkranz gefüllt mit Vanille- oder Kaffeecreme.
GALETTE DES ROIS	Ebenfalls ein bretonischer Kuchen mit viel Butter, eine Art Blätterteig, um den Dreikönigstag herum wird der Kuchen mit einer vergoldeten Pappkrone verkauft, die derjenige aufsetzen darf, der auf ein eingebackenes Tonpfeifchen beißt.
GATEAU CHOCOLAT	Mit dem Löffel zu essen, diese Delikatesse ist schon mehr eine Mousse als ein Kuchen, soviel Schokolade ist im Teig.
MERINGUE	Nie wie im Deutschen „Baiser" sagen, denn dann gibt einem die Boulangère etwas anderes oder sie errötet (vgl. Boris Vian: L'amour est aveugle!).
MILLEFEUILLE	Schnitten aus knusprigem Brandteig, zwischen die sahnige Vanillecreme eingelassen ist, wahlweise mit Puderzucker oder Zuckerguß.
RELIGIEUSE	Windbeutel, gefüllt mit Vanille- oder Kaffeecreme, nur echt mit dem Häubchen.

KULTURZENTREN

AMERICAN CENTER		
261, bd. Raspail	Tel.	43 35 21 50
NIEDERLÄNDISCHES KULTURINSTITUT		
121, rue de Lille	Tel.	47 05 85 99
GOETHE INSTITUT		
17, av. d'lèna	Tel.	47 23 61 21
31, rue de Condé	Tel.	43 26 09 21
DEUTSCHES HISTORISCHES INSTITUT		
9, rue Maspéro	Tel.	45 20 25 55
BRITISCHES KULTURINSTITUT		
11, rue Constantine		
SCHWEDISCHES KULTURINSTITUT		
11, rue Payenne		
AMERIKANISCH-FRANZÖSISCHES KULTURZENTRUM		
1, place de l'Odéon	Tel.	46 34 16 10
LATEINAMERIKANISCHES KULTURZENTRUM		
1, rue Montmartre	Tel.	45 08 48 28
BELGISCHES KULTURZENTRUM		
46, rue Quincampoix	Tel.	42 71 26 16
KULTURZENTRUM DER DDR		
117, bd. St. Germain	Tel.	46 34 25 97
	Tel.	46 34 25 99

In den Kulturzentren gibt es sehr rege Aktivitäten. Konzerte, Workshops, Ausstellungen und die Möglichkeit, andere kennenzulernen machen sie meist sehr attraktiv. Die Programme kann man direkt erfragen oder der aktuellen Presse entnehmen.

KÜNSTLERBEDARF

In der Rue Bonaparte und am Quai Malaquais, in direkter Nähe der Ecole des Beaux Arts, befinden sich einige kleine alte Läden, in denen man alles Nötige zum Zeichnen und Malen erhält. Die Bedienung kann leider oft unfreundlich sein, wenn man auf Grund der schier überquellenden Regale nicht sofort weiß, was man will, umsomehr, wenn man der französischen Sprache nicht mächtig ist.
Leinwand am laufenden Meter zu kaufen, ist nahezu unerschwinglich, da die Preise oft doppelt oder dreifach so hoch sind wie in Deutschland. Es empfiehlt sich, bereits grundierte und

bespannte Keilrahmen zu kaufen, insofern man mit den angebotenen Maßen einverstanden ist. Auf konventionelle Weise werden die Größen der Rahmen in ‹paysage› (Landschaft), ‹figure› (Portrait) und ‹nature morte› (Stilleben) eingeteilt. Verlangt man ein für diese Verhältnisse ungewöhnliches Maß von beispielsweise 105 x 135 cm, muß man auf den Sonderzuschnitt drei Wochen warten. Die Wartezeit kann sich auf sechs Wochen erhöhen, je nachdem, ob in der Akademie Semesterferien sind oder nicht.
Das Angebot an Pinseln, Farben, Stiften usw. ist jedoch ausgesprochen gut.
Hier die wichtigsten Adressen zum Einkaufen:
Im ersten Stock des Kaufhauses „BHV" in der Rue de Rivoli, direkt gegenüber der Métrostation Hôtel de Ville, kaufen viele ein, die ungestört ihr Material aussuchen und vergleichen wollen. Die Papierauswahl ist sehr groß.
Im Erdgeschoß des Hauses befindet sich eine wahre Fundgrube für Bastler und Heimwerker. Wer Werkzeuge oder Eisenwaren benötigt, sollte hier unbedingt hingehen. Siebenundachtzig Nägel bekommt man hier noch einzeln in die Hand gezählt!
Am Ende der Rue de Vieille Temple im vierten Arrondissement befindet sich links ein kleiner, bescheidener aber gut ausgerüsteter Laden, in dem immer eine stille und freundliche Atmosphäre herrscht. Mit Studentenausweis oder Karte eines Künstlerverbandes bekommt man 10% Rabatt.
Das größte und professionellste Geschäft, das wir fanden, ist ADAM, 11, bd. Edgar Quinet. Sehr zu empfehlen ist die Ölfarbe in größeren Dosen, die seit kurzem aus hauseigener Herstellung zum Verkauf angeboten wird. (Auch hier Preisnachlaß für Künstler).
Reine Farbpigmente sind schwierig zu beschaffen. Die beste Quelle ist die Akademie in der Rue Bonaparte selbst. In der Klasse für Malerei, die im hinteren Teil des Gebäudes beherbert ist, kann man sich in eine Liste für Sammelbestellungen eintragen, wenn der Vorrat der Akademie aufgebraucht ist. Dieser Ort ist augenblicklich die einzige Pariser Bezugsquelle beispielsweise für Pigmente der deutschen Firma Kremer. Die Studenten geben nützliche Tips, wo man Keilrahmen und Leinwand ab Werk billig und in allen Größen beziehen kann.
Liebhaber exklusiven Papiers, die dafür auch etwas ausgeben wollen, werden sich in dem kleinen, noblen Geschäft in der Rue du Pont Louis Philippe wohlfühlen. Es gibt auch eine reiche Auswahl an farbigem Briefpapier, an Skizzenbüchern usw.
Auf den Streifzügen durch die verschiedenen Quartiers der Stadt, sollte man ein wachsames Auge auf unscheinbare, meist in Seitengassen gelegene Papeterien werfen. Ab und zu findet man auf diese Weise überraschend eine Fundgrube für ungewohnte und selten schöne Papiersorten.
Noch eine letzte Adresse für Maler und Zeichner:
Sennelier, 3 quai Voltaire · 4 bis, rue de la Grande Chaumière
Hier gibt's billige Skizzenblocks.

KUNSTTREFFPUNKTE

Die hier aufgeführten Adressen sind für alle interessant, die sich fernab der Museen und Galerien einen ersten Einblick in die lebendige Pariser Kunstszene verschaffen wollen, soweit sie das Schaffen noch unbekannter, junger Künstler betrifft.

CENTRE CULTUREL SUEDOIS
11, rue Payenne
Junge, skandinavische Kunst.

CENTRE NATIONAL DES ARTS PLASTIQUES
27, av. de l'Opéra
Diese Einrichtung, die mit dem Kultusministerium zusammen arbeitet, veranstaltet mehrmals im Jahr sogenannte „Salons," in denen jüngere Künstler ausstellen, die zum Teil noch an der Ecole des Beaux Arts studieren. Man kann sich dort Informationsmaterial und Programme besorgen. Das Personal ist in der Regel für Fragen offen.

CITE INTERNATIONALE DES ARTS
18, rue de l'Hôtel de Ville
Hier wohnen und arbeiten Künstler aus aller Herren Länder, die Cité ist eine Art Villa Massimo in Paris. An der Rezeption findet man Prospekte zu den Ausstellungen und Konzerten im Hause, aber auch zu Veranstaltungen an anderen Orten in Paris. Um in die Ateliers zu gelangen, muß man persönlichen Kontakt zu den Künstlern aufnehmen, was jedoch nicht schwer fällt, da immer irgendjemand im Haus herumläuft oder in der Eingangshalle sitzt. Die Dame an der Rezeption gibt auch Auskunft, spricht jedoch kein Deutsch.

ECOLE NATIONALE SUPERIEURE DES BEAUX ARTS
11, quai Malaquais
Hat man Kontakt zu Studenten aufgenommen, kann man einen Rundgang durch das schöne Gebäude machen und vielleicht auch in den einen oder anderen Klassenraum schauen. Das Treiben dort ist sehr interessant.

ESPACE AUSTERLITZ
30, quai d'Austerlitz
Eine relativ neue Ausstellungsstätte mit experimentellem Charakter, die sich jedoch schon einen Namen gemacht hat.

GALERIE BEAUX ARTS L'ARCADE
4, rue Trousseau
Auch hier vorwiegend Gruppenausstellungen von Studenten, die die Galerie selbst verwalten.

MAISON MANSART
5, rue Payenne

Hier finden ab und zu Schülerausstellungen der einzelnen Klassen der Akademie statt.

Ein Besuch in zwei noch heute bestehenden Künstlerkolonien sollte ebenfalls auf dem Programm erscheinen:

LA RUCHE
2, passage de Dantzig

BATEAU-LAVOIR
13, place Emile-Goudeau

LEKTÜRE

In Paris läßt es sich schlecht lesen, vor allem, wenn man nur als Besucher in der Stadt ist und den ganzen Tag auf Entdeckungen aus. Das Buch, das beim Auspacken auf den Hotelzimmernachttisch gelegt wird, bleibt bis zur Abreise ungelüftet liegen, denn wie sollte ein Leserleben noch in den Kopf hineinpassen, wenn die täglichen Eindrücke schon schwer zu fassen sind? Vor allen Dingen macht das Pflastertreten müde, und abends gelingt das Einschlafen ohne große Mühe.
Weil die Gegenwart von Paris also den Geist zu sehr in Anspruch nimmt, empfehlen wir Lektüre zu der Stadt für vorher oder nachher.

I. DIE „KLASSIKER"
Unter diese Rubrik fallen die Bücher, die man immer wieder zitiert, die jedoch auch wirklich unentbehrlich und immer wieder zu lesen sind.

VICTOR HUGO: Notre-Dame von Paris.
EMILE ZOLA: Der Bauch von Paris.
EUGENE SUE: Die Geheimnisse von Paris.
LOUIS SEBASTIEN MERCIER: Mein Bild von Paris.
ERNEST HEMINGWAY: Paris – ein Fest fürs Leben.
GERTRUDE STEIN: Paris Frankreich.
SILVIA BEACH: Shakespeare & Company.
GEORGE ORWELL: Erledigt in Paris und London.
JEAN-PAUL SARTRE: Paris unter der Besatzung.

COLETTE: Paris de ma fenêtre. (Livre de poche).
LEON PAUL FARGUE: Le pieton de Paris. (Folio).
JEAN PAUL CLEBERT: Paris insolite. (Folio).
LOUIS ARAGON: Le paysan de Paris.
JULIEN GREEN: Paris.

II. BÜCHER ZUR KUNST
- JACQUES DE GIVRY: Versailles. Zauber eines Parks.
  Hirmer. München. 1985.
- ANNE DELBEE: Der Kuss. Kunst und Leben der Camille Claudel.
  Knaus. München, Hamburg. 1985.
- CAMILLE CLAUDEL – AUGUSTE RODIN.
  Künstlerpaare – Künstlerfreunde.
  Ausstellungskatalog. Kunstmuseum Bern. 1985.

- RAINER-MARIA RILKE: Briefe über Cézanne.
  Insel-Taschenbuch. Frankfurt/M.
- RAINER-MARIA RILKE: Die Dame mit dem Einhorn.
  Insel-Taschenbuch. Frankfurt/M.
- ALAIN ERLANDE: La Dame à la Licorne.
  Editions de la Réunion des Musées Nationaux.
- YANN LE PICHON: Les Peintres du Bonheur.
  Laffont. Paris. 1983. (zu den Impressionisten)
- PICASSO-MUSEUM PARIS.
  Katalog sämtlicher ausgestellter Werke.
  Prestel. München. 1985.
- FRANCOISE GILOT/CARLTON LAKE: Leben mit Picasso.
- DIETER KIMPEL: Paris – Führer durch die Stadtbaugeschichte.
  Hirmer. München.
- CHRISTIAN BEUTLER: Reclams Kunstführer. Band I.
  Reclam. Stuttgart.
- MICHEL FLEURY, ALAIN ERLANDE-BRANDENBOURG, JEAN-PIERRE BABEELON, MAX und ALBERT HIRMER: Paris.
  Hirmer. München.
- H. G. FRANZ: Spätromantik und Frühgotik.
  Holle. Baden-Baden.

III. IN NEUERER ZEIT ERSCHIENEN
- JULIO CORTAZAR: Rayuela.
  Suhrkamp. Weiße Reihe. Frankfurt/M.
- JULIO CORTAZAR: Das Feuer aller Feuer.
  Suhrkamp. Frankfurt/M. 1976.
- CLARA MALRAUX: Das Geräusch meiner Schritte.
  (Die Autobiographie). Scherz. Bern, München. 1982.
- PATRICK MODIANO: Eine Jugend.
  Suhrkamp. Frankfurt/M. 1985.
  (Im Grunde können alle Romane Modianos, die man in französischen Buchhandlungen findet, empfohlen werden).
- JORGE SEMPRUN: Algarabia oder
  Die neuen Geheimnisse von Paris.
  Suhrkamp. Frankfurt/M. 1985.
- PATRICK SÜSKIND: Das Parfum. Die Geschichte eines Mörders.
  Diogenes. Zürich. 1985.

MÄRKTE

Augen- und Gaumenschmaus sind die französischen Märkte. Man kann sich durch die ganze Woche naschen, quer durch Paris, weil in irgendeinem Stadtteil immer Stände aufgebaut sind. Nicht wie in Deutschland auf Plätzen, ziehen sie sich längs der Straße. Neben Nahrungsmitteln werden auch Strümpfe und Kerzenleuchter feilgeboten. Überall weiße Hunde wie auf den Bildern von Hector Trotin.

Mittwoch und Samstag lohnt der Weg ins PALAIS DE TOKYO von der Métrostation Alma-Marceau aus. Der Markt zieht sich die ganze Avenue du Président Wilson hoch, bis zur Station Iéna. In der RUE DE BUCI ist ständig Markt, außer am Montag. Neben den üblichen Fisch-, Obst- und Gemüseständen gibt es hier Bäckereien – wahre Kalorienhöllen – die mit frischem Gebäck locken. Wer auf effektive Füllung des Magens bedacht ist, sollte ‹Flan› oder ‹Diplomate› bestellen. Aus Pudding und übriggebliebenen Teigstücken gemacht, sind sie regelrechte Stopfkuchen! Wer sein Baguette knusprig bevorzugt, verlange es ‹bien cuite›. In der Rue de Buci gibt es auch einen internationalen Zeitungsladen, eine Fundgrube für Liebhaberinnen schöner Spitzen, mehrere Modeläden mit zum Teil billigen und originellen bunten Fummeln.
Die RUE MOUFFETARD ist am interessantesten am Samstag. Leider geht es hier schon recht touristisch zu. Der obere Teil der Straße ist gesäumt von Restaurants, denen man vor allem dann mißtrauen sollte, wenn im Fenster ‹cuisine originale française› angepriesen wird. Gut sind im allgemeinen die Creperien in dieser Gegend.
Bei weiten am „atmosphärischsten" und absolut „pariserisch" fanden wir den MARCHE D'ALIGRE, täglich außer montags zu erreichen mit der Métro bis Station Lédru Rollin. Hier gibt es eine alte Markthalle mit lauter totem Viehzeug und viele Einheimische, vor allem aus den unteren Gesellschaftsschichten. In der Rue d'Aligre verkaufen hauptsächlich Araber ihre Ware und wenn es auf den späten Nachmittag zugeht – oder auf Samstagnachmittag – wird fast alles zur Pfennigware. Es lohnt sich, zu mehreren auf den Markt zu gehen, denn die abgenommene Menge scheint im umgekehrten Verhältnis zum Preis zu stehen. Vier Kilo Apfelsinen kosten dann auch nicht viel mehr als eineinhalb.
Ebenfalls in einer Markthalle untergebracht ist der MARCHE ST. QUENTIN, nahe des Gare de l'Est, 85, boulevard Magenta. Wer nicht gerade montags fährt, denn dann hat die Halle dicht, kann dort gut seinen Reiseproviant besorgen.
Keinen eigentlichen Markt, aber ein ähnliches Mekka bietet die RUE DES ABESSES an gleichnamiger Métrostation auf dem Montmartre. Die Läden sind bis acht Uhr abends geöffnet, und aus jedem strömt ein anderer verführerischer Duft. Grillhähnchen räkeln sich gebräunt, Salate bedürfen nicht der Konservierungsstoffe, weil sie schnell ihre Abnehmer finden, Pasteten schmurgeln im Teigmantel. Es muß wirklich nicht Maxim's sein!
Ein weiterer schöner Markt: der MARCHE SECRETAN, 33 avenue Secretan an der Métrostation Bolivar.

MEHRZWECKHALLEN

Hier finden Pop- und Rockkonzerte, Theater- und Opernaufführungen im größeren Rahmen statt.

PALAIS DE CONGRES
Porte Maillot — Tel. 47 58 22 22

PALAIS DES SPORTS
Porte de Versailles — Tel. 48 28 40 90

PALAIS OMNISPORTS DE PARIS-BERCY
8, boulevard de Bercy — Tel. 43 46 12 21

THEATRE DU GYMNASE
38, boulevard Bonne-Nouvelle — Tel. 42 46 79 79

ZENITH – LA VILETTE
211, avenue Jean Jaurés — Tel. 46 22 94 98

OLYMPIA
28, boulevard des Capucines — Tel. 47 42 25 49

MENSEN

Deutsche Studenten können in den Mensen der Pariser Universitäten zum gleichen Preis wie die französischen Kommilitonen essen, wenn sie den deutsch-französischen Sozialausweis besitzen. Diesen Ausweis gibt es bei Vorlage des Studentenausweises und eines deutschen Personalausweises oder Passes für drei Mark beim Studentenwerk jeder deutschen Hochschule.
Ein Mensaessen in Frankreich kostet rund FF 8,50. Es besteht aus einer Vorspeise, dem Hauptgericht, Käse und Nachtisch. Wasser und Brot kann man sich nehmen, soviel man möchte. Leider ist nicht überall das Essen gut, so zum Beispiel in der Mensa an der Porte de Clignancourt, in der man auf keinen Fall essen sollte. Die anderen hier aufgeführten Mensen sind von der Essensqualität her vertretbar.

- Mensa ASSAS
  92, rue d'Assas — Métro: Rennes
- Mensa BULLIER
  39, av. Georges Bernanos — Métro: Port Royal
- Mensa CHATELET
  10, rue Jean Calvin — Métro: Châtelet
- Mensa CONCORDIA
  41, rue Tournefort — Métro: Monge
- Mensa CUVIER
  8 bis, rue Cuvier — Métro: Jussieu

– Mensa GRAND PALAIS
Grand Palais, Cours la Reine — Métro: Champs-Elysées Clemenceau

– Mensa MABILLON
3, rue Mabillon — Métro: Mabillon

– Mensa LE MAZET
5, rue Mazet — Métro: Odéon

Besonders zu empfehlen sind folgende Mensen, schon weil sie ein wenig exotisch sind:

– Mensa FOYER MUSULMAN
115, bd. St. Michel — Métro: Port-Royal

Dienstags und freitags wird hier ein ausgezeichneter Couscous gemacht. Wer ihn mit Hammelfleisch essen will, sollte auf jeden Fall rechtzeitig kommen, später gibt's nämlich nur noch Huhn.

– Mensa FOYER ISRAELITE
5, rue de Médicis — Métro: Luxembourg

Die Besonderheit: hier wird koscher gegessen.

HINWEIS: Einige Mensen haben während der Semesterferien geschlossen. Deshalb sollte man sich unbedingt beim CROUS erkundigen, wo man in dieser Zeit tatsächlich essen kann.

MESSEN UND AUSSTELLUNGEN

Januar		Salon nautique international La Defense
Februar	–	Internationale Auto- und Rennwagenausstellung Parc des Expositions Porte de Versailles
	–	Expolangues Grand Palais Für jedermann zugänglich, will diese Messe die Kommunikation zwischen den Ländern fördern.
März	–	Musicora Messe für alte Musik Grand Palais

April/Mai	–	Foire de Paris Parc des Expositions Porte de Versailles Viele Länder der Welt zeigen und verkaufen einheimische Produkte.
Juni	–	Salon de l'aéronautique et de l'espace Flughafen Le Bourget (findet alle zwei Jahre statt)
September	–	Musikmesse Grande Hall de la Villette
Oktober	–	Auto- und Motorradausstellung Parc des Expositions Porte de Versailles
	–	Salon Neige et Montagne Parc des Expositions

METROTICKETS

Wer sich in Paris statt auf Schusters Rappen auch mal mit der Métro, dem Bus oder dem RER fortbewegen will, fährt relativ billig mit einer Wochen- oder Monatskarte, je nachdem wie lang der Aufenthalt ist. Auf keinen Fall das Touristenticket PARIS SESAME kaufen; es kostet schon für zwei Tage FF 56,– und das nur, weil man in der ersten Klasse fahren darf. Auch für wenige Tage Aufenthalt lohnt sich das Wochenticket der Carte Orange. Die Stammkarte bekommt man an jedem Ticketschalter; klebt man ein Paßfoto drauf und unterschreibt man gleich, kann man die Karte sofort benutzen. Im Stadtbereich kommt man normalerweise mit einer 2-Zonen-Karte aus. Hier die Preise: (Stand Januar 1986)

CARTE ORANGE

	1. Klasse	2. Klasse
I. 2 Zonen		
monatlich	FF 207,–	FF 138,–
wöchentlich	FF 59,–	FF 39,–
II. 3 Zonen		
monatlich	FF 283,–	FF 176,–
wöchentlich	FF 83,–	FF 51,–

Es gibt auch eine Wochenkarte, mit der man täglich nur zwei Fahrten absolvieren darf, die FF 22,50 kostet.

Fährt man wirklich nur ganz selten, genügen Einzelfahrscheine, die man 10-Stück-weise im sogenannten ‹Carnet› bekommt. Ein Carnet für den Innenstadtbereich kostet für die erste Klasse FF 40,– und für die zweite Klasse FF 26,50.
Noch ein Hinweis: die erste Klasse ist nicht besonders viel sicherer und schon gar nicht leerer als die zweite. Ab 17 Uhr darf ohnehin jeder in diese „privilegierten" Abteile einsteigen, eine Fahrkarte zweiter Klasse tuts also auch. Wenn es geht, sollte man als Tourist aber Stoßzeiten meiden!
TIP: die Busse fahren etwas langsamer, sind jedoch meist leerer – und man sieht etwas anderes als die mit Werbung bepflasterten U-Bahn-Schächte.

MITFAHRZENTRALEN

- PARIS STOP
  35, rue Jacob Tel. 42 60 42 09
  Man bezahlt ans Büro entweder FF 100,– für ein ganzes Jahr oder FF 35,– pro Reise. Dem Fahrer stehen 18 Centimes pro Kilometer zu. Besonders häufig gibt es Angebote an die Côte d'Azur (Paris – Nizza etwa FF 170,–).

- ALLO STOP-BROVOYA
  84, passage Brady Tel. 42 46 00 66
  FF 170,– werden hier für den Autostopper als Jahresgrundbetrag erhoben. Die Fahrten kosten dann etwa genausoviel wie bei Paris-Stop.
  Zusätzlicher Service: das Büro bietet Bus- und Bahnfahrten zu Spottpreisen an. Gute Angebote für alle unter 26 Jahren.

MUSEEN

Wir halten uns auch hier an das Prinzip, aus der Fülle der in Paris existierenden Museen nur die aufzuzählen und kurz zu beschreiben, die wir für besonders empfehlenswert halten. Ansonsten sei auf Pariscope oder Officiel des Spectacles verwiesen, die eine vollständige Liste enthalten.

MUSEE DE L'AFFICHE ET PUBLICITE (PLAKATMUSEUM)
18, rue de Paradis Métro: Chateau d'eau
Öffnungszeiten: täglich außer Dienstag 12 bis 18 Uhr.
Im Plakatmuseum sind ständig wechselnde Ausstellungen unter verschiedenen Gesichtspunkten zu sehen. Man beachte bereits im Treppenhaus die Kachelfriese mit schön-kitschigen Jugendstillandschaften.

MUSEE DES ARTS DECORATIFS (KUNSTGEWERBEMUSEUM)
107 – 109, rue de Rivoli Métro: Palais-Royal
Öffnungszeiten:
täglich außer Montag und Dienstag 12.30 – 18.30 Uhr
sonntags 11.00 – 17.00 Uhr
Neben der ständigen Kollektion werden auch hier häufig wechselnde Ausstellungen durchgeführt.

MUSEE D'ART MODERNE DE LA VILLE DE PARIS
11, avenue du Président Wilson Métro: Iéna
Öffnungszeiten:
täglich außer Montag 10.00 – 17.30 Uhr
Mittwoch bis 20.30 Uhr
Das Museum ist schon fast ein Kulturzentrum, eine Cafeteria und ein Buchladen lassen die Besucher auch nach dem eigentlichen Rundgang durch die Bilderwelt der Moderne noch verweilen. Hier "ibt ews Modiglianbi, Picasso, Braque, Delaunay, Matisse und Dufy zu sehen. (siehe Sonderartikel!)

MUSEE D'ART JUIF
42, rue des Saules Métro: Lamarck-Coulaincourt
Öffnungszeiten:
täglich außer Freitag und Samstag 15.00 – 18.00 Uhr
Im jüdischen Museum sind wechselnde Ausstellungen zu entsprechenden Themen, ständig zu sehen sind beispielsweise sakrale Gegenstände und Modelle von zerstörten Synagogen. Im Gebäude ist auch eine Synagoge untergebracht.

BIBLIOTHEQUE NATIONALE
58, rue Richelieu Métro: Bourse
Öffnungszeiten: täglich 12.00 – 18.00 Uhr.
Die Nationalbibliothek beherbert ein bedeutendes Münz- und Kupferstichkabinett, das sehr sehenswert ist.

MUSEE CARNEVALET
23, rue de Sévigné Métro: St. Paul
Öffnungszeiten: täglich außer Montag 10.00 – 17.40 Uhr.
Die ständigen Ausstellungen geben Auskunft über die Geschichte der Stadt. Hinzu kommen Sonderausstellungen zu Festen, Traditionen usw.

CENTRE NATIONAL D'ART ET DE CULTURE GEORGES POMPIDOU
Rue Rambuteau Métro: Les Halles, Rambuteau
Öffnungzeiten: täglich außer Dienstag 12.00–22.00 Uhr
Samstag und Sonntag 10.00 – 22.00 Uhr
Zum Centre Pompidou bitte den gesonderten Artikel im ersten Teil des Führers beachten.

MUSEE DE CLUNY
6, place Painlevé Métro: Saint-Michel
Öffnungszeiten: täglich außer Dienstag 9.45 – 12.30 Uhr und 14.00 – 17.15 Uhr

Il dépend de celui qui passe
que je sois tombe où trésor
que je parle ou me taise
ceci ne tient qu'à toi
Ami, n'entre pas sans désir

Es hängt von demjenigen ab der vorbeikommt,
ob ich Grab oder Schatz bin
ob ich rede oder schweige
das liegt nur an dir
Freund, trete nicht ein ohne Verlangen

Aufschrift auf dem Palais Chaillot
Übersetzung: Regina Runhof

Mittelalterliche Kunst und vor allem die sechs phantastischen Teppiche der Dame mit dem Einhorn (siehe Sonderartikel).

GRAND PALAIS
Avenue Winston Churchill Métro: Champs-Elysées-Clemenceau
Öffnungszeiten: täglich außer Dienstag 10.00 – 20.00 Uhr
Mittwoch bis 22.00 Uhr
Das Grand Palais ist *der* Ort für die Prunkausstellungen der Stadt, die mit großem Aufwand hier übers ganze Jahr verteilt inszeniert werden. Lockvögel nicht nur für Touristen.

MUSEE GREVIN
10, bd. Montmartre Métro: Montmartre
Öffnungszeiten: täglich von 13.00 – 19.00 Uhr
Das Wachsfigurenkabinett präsentiert bekannte französische Köpfe.

MUSEE GUIMET
6, place d'léna Métro: léna
Öffnungszeiten: täglich außer Dienstag von 9.45 – 12.00 Uhr
und von 13.30 bis 17.15 Uhr
Ein ganz wunderbares Museum für alle, die sich mit orientalischer Kunst vertraut machen wollen. Um die Bestände zu sichten, braucht man mindestens einen ganzen Tag. Sehr faszinierend.

MUSEE DE L'HISTOIRE DE FANCE
60, rue des Francs-Bourgois Métro: Rambuteau
Öffnungszeiten: täglich außer Dienstag 14.00 – 17.00 Uhr
an Feiertagen geschlossen.
Hier bekommt man Dokumente zur französischen Revolution zu sehen.

MUSEE DE L'HOLOGRAPHIE
Forum des Halles, Niveau 1 Métro: Les Halles
Öffnungszeiten: täglich 10.30 – 19.00 Uhr
Montag und Sonntag 13.00 – 19.00 Uhr.
Ganz witzig sind diese ausgestellten Holographien. Man bekommt mit Hilfe eines Videofilms erklärt, wie sie gemacht werden.

MUSEE DE L'HOMME
Palais de Chaillot Métro: Trocadéro
Öffnungszeiten: täglich außer Dienstag 10.00 – 17.15 Uhr
Permanente Kollektionen und aufsehenerregende Sonderausstellungen zeigen die Anfänge des Menschen und seine frühen Lebensformen.

MUSEE JEU DE PAUME
Place de la Concorde Métro: Concorde
Öffnungszeiten: täglich außer Dienstag 9.45 – 17.15 Uhr
Samstag und Sonntag 11.30 – 17.15 Uhr

In der ehemaligen Federballhalle sind heute die Impressionisten versammelt, für die die Leute stundenlang vor der Museumstür anstehen. **Unser Tip:** in der Hauptsaison lieber woanders hingehen! (siehe Sonderartikel)

MUSEE DU LOUVRE
Rue de Rivoli Métro: Palais Royal, Louvre
Öffnungszeiten: täglich außer Dienstag 9.45 – 18.30 Uhr
Den Louvre kann man nicht beschreiben, man muß ihn selbst entdecken. Nur soviel: nur montags und mittwochs sind wirklich alle Abteilungen geöffnet.
Unbedingt sollte man neben der Gemälde- und Skulpturensammlung auch die Räume für Mobiliar und Kunsthandwerk vom 17. bis 19. Jahrhundert ansehen. Hier gibt es so herrliche Antiquitäten und Schmuck, daß einem die Augen rollen. (siehe Sonderartikel)

MAISON DE BALZAC
47, rue Raynouard Métro: Passy
Öffnungszeiten: täglich außer Montag 10.00 – 17.00 Uhr
Für Literaturfreunde interessant ist das Haus des Dichters. Es gibt auch Ausstellungen, die zeigen, wie Balzac selbst in den Werken anderer Künstler zum Thema wurde.

MAISON DE VICTOR HUGO
6, place des Vosges Métro: Chemin Vert
Öffnungszeiten: täglich außer Montag 10.00 – 17.40 Uhr
Die Entdeckung, die man hier macht, ist der Zeichner Hugo.

MUSEE MARMOTTAN
2, rue Louis-Boilly Métro: Muette
Öffnungszeiten: täglich außer Montag 10.00 – 18.00 Uhr
Eines der schönsten Museen von Paris, untergebracht in einer ehemaligen Privatvilla. Das Untergeschoß zeigt Meisterwerke Monets und seiner Freunde. Ganz wunderbar. Schon der Weg von der Métrostation zum Museum durch einen von Alleen gesäumten Park ist sehr beruhigend, (siehe Sonderartikel).

MUSEE DE MODE ET DU COSTUME
10, av. Pierre I. de Serbie Métro: léna
Öffnungszeiten: täglich außer Montag 10.00 – 17.40 Uhr
Für die Fans großer Roben und Bewunderer alter Garderoben absolut sehenswert.

MUSEE DE MONTMARTRE
12, rue Cortot Métro: Lamarck-Coulaincourt
Öffnungszeiten: täglich außer Montag 14.30 – 17.30 Uhr
Hier erfährt der Besucher alles über die Geschichte dieses alten Quartiers und seiner Bewohner.

MUSEE DE NOTRE-DAME DE PARIS
10, rue du Cloître Notre-Dame Métro: Cité
Öffnungszeiten: Samstag, Sonntag und Mittwoch
14.30 – 18.00 Uhr
Freunde sakraler Kunst sollten sich in dieses „familiäre" Museum begeben, um sich die Schätze der Pariser Kathedrale anzusehen.

ORANGERIE DES TUILERIES
Place de la Concorde Métro: Concorde
Öffnungszeiten: täglich außer Dienstag 9.45 bis 17.15 Uhr, der Seerosensaal wird um 12 Uhr geschlossen.
Das Prunkstück des Museums ist ein von Monet mit Seerosenfresken ausgestatteter runder Saal, der japanische und amerikanische Touristen zu wahren Fototiraden veranlaßt. Wer sich gern in Bilder vertieft, muß von den Blitzlichtern absehen. Geheimtip! (siehe Sonderartikel)

PALAIS DE LA DECOUVERTE
Avenue F. D. Roosevelt Métro: Franklin Roosevelt
Öffnungszeiten: täglich außer Montag 10.00 – 18.00 Uhr
Alles was die Wissenschaft uns Neues bringt, ist hier zu entdecken. Ein Planetarium zeigt täglich um 14.00 Uhr, 15.50 Uhr und 16.30 Uhr den Sternenhimmel.

MUSEE DU PALAIS DE TOKYO
13, av. du Président Wilson Métro: Iéna
Öffnungszeiten: täglich außer Dienstag 9.45 – 17.15 Uhr
Hier gibt es neben den ständigen Sammlungen moderner kunst (eine davon sind die Postimpressionisten: hier kann man Seurats Bild zu Kafkas Parabel von der Zirkusreiterin im Original sehen) wechselnde Ausstellungen, besonders auch aus dem Bereich der Fotografie. Ein Auditorium lädt öfters zu ungewöhnlichen Konzerten moderner Komponisten und zu Jazzfestivals ein.

MUSEE DU PETIT PALAIS
Avenue Winston Churchill Métro: Champs Elysées Clemenceau
Öffnungszeiten: täglich außer Montag 10.00 – 17.40 Uhr
Auch hier wechselnde Ausstellungen risikoloser Themen, jedoch im kleineren Rahmen als im Grand Palais. Es sind hier in jedem Fall weniger Besucher. Man beachte das sehr, sehr schöne Gebäude und seinen Innenhof!

MUSEE PICASSO
5, rue de Thorigny Métro: Chemin Vert, St. Paul
Öffnungszeiten: täglich außer Dienstag 10.00 – 17.15 Uhr
(siehe Sonderartikel)

MUSEE DE LA POSTE
34, bd. Vaugirard Métro: Montparnasse-Bienvenue
Öffnungszeiten: täglich außer Sonntag 10.00 – 17.00 Uhr

Das Reizvolle ist: man fährt bis in den siebten Stock und findet sich nach Ende der Vorstellung im Erdgeschoß wieder – unmerklich geht man von Ausstellungsraum zu Ausstellungsraum ein paar Stufen tiefer. Mit der Eintrittskarte gibt es noch diverse Stickers umsonst dazu. Besonders beeindruckend: ein Modell der telegraphischen Übermittlung durch optische Signalzeichen.

MUSEE RODIN
77, rue de Varenne   Métro: Varenne
Öffnungszeiten: täglich außer Dienstag 10.00 – 17.45 Uhr
Auch eines unserer Lieblingsmuseen, das man bevorzugt im Sommer besuchen sollte, um auch den mit Skulpturen des Bildhauers bestückten Garten genießen zu können. Nicht zu vergessen: auch Camille Claudel gibt es hier zu entdecken.
(siehe Sonderartikel)

MUSEE CERNUSCHI
7, av. Velasquez   Métro: Villiers
Öffnungszeiten: täglich außer Montag 10.00 – 17.00 Uhr
Fernöstliches Reich chinesischer Kunst.

MUSEE JAQUEMART-ANDRE
158, bd. Haussmann   Métro: St. Philippe du Roule
Öffnungszeiten: täglich außer Montag und Dienstag
13.00 – 17.30 Uhr
In dem wunderschönen Haus (um 1870 erbaut) wird eine ehemals private Sammlung mit Tiepolo, Rembrandt, Fragonard, van Dyck usw. gezeigt, die jetzt im Besitz des Institut de France ist.

MUSEE DES ARTS AFRICAINS ET OCEANIENS
293, av. Daumesnil   Métro: Porte Dorée
Öffnungszeiten: täglich außer Montag 10.00 – 17.00 Uhr
Kunst aus dem Maghreb, aus Schwarzafrika und Ozeanien.

MUSEE DELACROIX
6, rue de Furstenberg   Métro: Mabillon
Öffnungszeiten: täglich außer Dienstag 9.45 – 17.15 Uhr
(siehe Sonderartikel)

LA GRANDE HALL PARC DE LA VILETTE
211, av. Jean Jaurès   Métro: Porte de Pantin
Öffnungszeiten: täglich außer Montag 12.00 – 20.00 Uhr
Diese immense Ausstellungshalle ist seit Sommer 1985 Ort der Pariser Biennale und das ganze Jahr über Zentrum kultureller, musikalischer und künstlerischer Veranstaltungen. Etwas sehr abseits gelegen in einer nicht gerade schönen Gegend!

MUSEE ZADKINE
100 bis, rued'Assas   Métro: Notre-Dame des Champs
Öffnungszeiten: Mittwoch bis Samstag 10.00 – 17.30 Uhr
Haus und Ateliers des Bildhauers, der 1909 nach Paris kam. Ein schöner Garten ist voller Skulpturen.

ÜBERSICHT

MONTAGS GESCHLOSSEN:

Musée des Arts décoratifs
Musée d'Art moderne
Musée Carnevalet
Maison de Balzac
Maison Victor Hugo
Musée Marmottan
Musée de Mode et Costume
Musée de Montmartre
Palais de la Decouverte
Petit Palais
Musée Cernuschi
Musée Jaquemart-André
Musée des Arts africains
Parc de la Vilette
Musée Zadkine

DIENSTAGS GESCHLOSSEN:

Musée des Arts décoratifs
Musée de l'Affiche
Centre Pompidou
Musée de Cluny
Grand Palais
Musée Guimet
Musée de l'Histoire de France
Musée de l'Homme
Musée Jeu de Paume
Orangerie des Tuileries
Palais de Tokyo
Musée Jaquemart-André
Musée Delacroix
Musée du Louvre
Musée Rodin
Musée Picasso
Musée Zadkine

PAGODE

Ein Kuriosum inmitten ihrer bourgoisen Umgebung ist die Pagode in der Rue des Courcelles Nr. 48, die der Chinese C. T. Loo 1926 als Umbau eines Hotel particulier des späten 19. Jahrhunderts errichten ließ.
Anfangs wurde das Haus als störender Fremdkörper empfunden, doch inzwischen haben sich die Gemüter natürlich beruhigt. Die Pagode beherbergt eine exclusive Galerie für chinesische und japanische Keramik, Porzellan und Malerei.

PARFUM

Nicht erst seit Patrick Süskinds Erfolgsroman weiß man, daß Paris voller Düfte hängt; allerdings wurden bisher die schlechten eher verschwiegen und die teuren, wohlkomponierten Kunstdüfte zum Aushängeschild für Eleganz und Luxus gemacht. Tatsächlich ist die Parfumherstellung, sozusagen mit exklusiver Mode Hand in Hand gehend, einer der wichtigsten Industriezweige Frankreichs; Exportartikel in schönen Flakons heben das Renommée der ganzen Nation.
Obwohl das Zentrum der Parfumherstellung im Süden Frankreichs angesiedelt ist, lebt vor allem Paris von der Legende der hier herrschenden feinen Lebens-art. Sie herrscht tatsächlich noch, allerdings im Verborgenen, in abgeschlossenen Zirkeln, zu denen man kaum Zugang findet. Der Tourist kann Reichtum nur ahnen und auf seinen Spuren wandeln. Die Welt der Düfte, die die Namen der elitärsten Modeschöpfer tragen, regt die Phantasie auf dem Umweg über die Nase an, sich gedanklich in den Luxus zu begeben, der genauso untrennbar mit Paris verbunden ist wie die Armut und die gewaltsame Entladung sozialer Spannungen.
Für das sinnliche Vergnügen der Parfumerprobung begibt man sich am besten in die riesige Kosmetikabteilung im Parterre des Kaufhauses GALERIES LAFAYETTE (M. Chausée d'Antin).
Unter der bläulich schimmernden Glaskuppel des Fin de siècle-Baus kann man stundenlang zwischen den Ständen der verschiedenen Hersteller herumspazieren und sich von modejournalreif geschminkten Hostessen mit den Parfums seiner Wahl ansprühen lassen, ohne tatsächlich etwas kaufen zu müssen. In jedem Fall aber sollte man den Reisepaß in der Tasche haben; ersteht man nämlich doch voller Begeisterung eines der tollen Fläschchen, bekommt man als Tourist wenigstens die Mehrwertsteuer vom Endpreis abgezogen.
Inzwischen gibt es überall in Paris, vor allem aber nahe der Oper und auf den Champs-Elysées sogenannte „Duty Free Shops," die Parfums um etwa 30% billiger verkaufen als die üblichen Parfümerien. Dort kann jeder eintreten und kaufen. Die absolut preiswerteste unter ihnen (bis 35% Reduktion): GRANDE PARFUMERIE DE L'EUROPE, 42, rue d'Amsterdam (9. Arr.).

PARKPLÄTZE

Wer nach Paris mit dem Auto gekommen ist, wird seine liebe Not haben, wenn er das Gefährt abstellen will. Hier einige Anhaltspunkte, wo es (erlaubte) Parkmöglichkeiten gibt.

1. Arr.:	Place Vendôme Place du Marché Honoré Forum des Halles	Place des Pyramides Place du Louvre
3. Arr.:	Rue St. Martin	
4. Arr.:	Parvis Notre-Dame	Place de la Bastille
5. Arr.:	Rue Langrange 42, bd. St. Germain	Rue Soufflot
6. Arr.:	Bd. St. Michel Place St. Sulpice	Bd. St. Germain 153, bis, rue de Rennes
7. Arr.:	Rue de Constantine	Place Joffre
8. Arr.:	Rue Boissy-d'Anglas 162 – 163, bd. Haussmann Avenue Matignon	101, Champs-Elysées 20–25, bd. Malesherbes 5, rue de Berri
9. Arr.:	Galeries Lafayette Bd. Rochechouard	12 – 14, rue Chauchat
10. Arr.:	Gare du Nord	Gare de l'Est
12. Arr.:	193, rue de Bercy	75 – 77, bd. de Picpus
13. Arr.:	Einkaufszentrum Galaxie	Av. de la Porte d'Italie
14. Arr.:	48 – 50, av. du Maine	
15. Arr.:	Tour Montparnasse Bd. Victor	Bd. Garibaldi
16. Arr.:	Maison de la Radio Av. Victor Hugo	Avenue G. Mandel
17. Arr.:	Porte Maillot 22, av. de Wagram	Av. des Ternes Hotel Meridien
18. Arr.:	Porte de la Chapelle 9, rue Caulaincourt	Porte de Clignancourt
19. Arr.:	Euromarché, Porte de la Villette	
20. Arr.:	Cours de Vincennes	Av. de la Porte des Lilas

PARKS UND SQUARES

Das Grau der Großstadt – in Paris kann es besonders bedrückend sein. Graue Fassaden, Mauern, Asphalt, die Schieferdächer – und wenn es dann noch regnet, verschwimmt die Stadt zum Aquarell grau in grau. So augenfällig wie das Grau kann aber auch das Grün in Paris sein: gar nicht weit braucht man zu gehen, und schon tut sich irgendwo eine Nebenstraße auf, an deren Ende ein goldenes Parkgitter blitzt oder hinter Buschwerk ein Springbrunnen plätschert. In jedem Quartier gibt es wohl wenigstens zwei Squares, kleine grüne Inseln, einen größeren Park.

Der größeren Parks einer ist der BOIS DE BOULOGNE:

Der Pariser Stadtwald ist am besten zugänglich von der Métrostation ‹Porte d'Auteuil› aus. Überall im Bois werden Möglichkeiten zu sportlicher Aktivität geboten – man kann rudern (auf sieben Seen!), Polo, Boule oder Tennis spielen oder ganz einfach joggen. Und das ist das Preiswerteste ... Jeden Sonntag morgen trifft sich ‹le tout Paris› auf den Wegen des Bois, um die auf Bürostühlen brachsitzenden Gliedmaßen wieder in Schwung zu bringen.

Ein Teil des Bois de Bouloune ist der ‹Jardin d'Acclimatation›, in dem vor allem die Kinder auf ihre Kosten kommen. Für sie gibt es dort Verlustigungen erster Güte wie Spielplätze und Kleintiergehege, Zuckerwatte und das obligate Ponyreiten.

Der Bois bietet auch ein alternatives ‹Paris by Night›. Wer die Möglichkeit hat, nach Einbruch der Dunkelheit im Auto durch den Park zu fahren, der kann sogar noch im Winter entblößtes Fleisch beobachten, das die Straßen säumt. Prostitution blüht hier als Frostzeitlose.

Für romantischere Naturen sei im Sommer der Spaziergang durch den ‹Jardin des Bagatelles› empfohlen; hier werden zur warmen Jahreszeit hunderte verschiedener Rosensorten zum Blühen gebracht. Ein wahrer Traum, der die müde Seele eines Großstadtgehetzten wieder ins Gleichgewicht bringt.

Ebenfalls im Westen von Paris liegt der PARC DE ST. CLOUD: Mit der Métro fährt man bis ‹Pont de Sèvres›, dann noch ein Stückchen mit dem Bus zur ‹Mairie de Sèvres›. Zur Rechten gibt es nun steile Treppchen zu nehmen, bis man in den Park gelangt.

Der Park eignet sich übrigens wunderbar zum Radfahren.

Mit der RER gelangt man schnell nach ST. GERMAIN-EN-LAYE: Das Schloß von St. Germain ist von einem schönen Schloßpark umgeben und ist einen Tagesausflug wert. Es gibt mehrere Cafés unter alten Bäumen, eine schnörklige Rotunde und Liegewiesen in den entlegeneren Bereichen der Anlage; das ist keine Selbstverständlichkeit in französischen Gärten!

Bekannt ist der PARC DU CHAMP DE MARS:

Am Trocadéro liegt er hinter dem Eiffelturm und erstreckt sich bis zur Ecole militaire. Weil hier viele Touristen sind und ein großer Durchgangsverkehr herrscht, ist die „Anmache" groß und die Ruhe gering.

Im 8. Arrondissement liegt der PARC MONCEAU:
Nach einem Einkaufsbummel in den nahegelegenen Kaufhäusern kann man sich bei einem Kaffee und einer heißen Waffel mit Crème Chantilly (zu deutsch Sahne) regenerieren: die gibt es an einem Kiosk am Haupteingang der Métrostation ‹Monceau›.
Auffällig am Parc Monceau sind die polierten Goldspitzen der Cloture. Überall stehen kleine Denkmäler, es gibt einen künstlichen Wasserfall.
Der legendärste aller Parks ist sicherlich der JARDIN DU LUXEMBOURG:
Mitten im Studentenviertel gelegen, trifft man hier viele junge Leute, im Frühling sind hier entschieden am meisten Liebespaare unterwegs.
Auch im Luxembourg kann man Süßigkeiten erstehen, wer aber ein ausführliches Picknick machen will, der suche die nahegelegene Rue St. Jaques auf, in der es Lebensmitteläden und Rotisserieen gibt, die mittags und gegen Abend warme Gerichte 100 g-weise verkaufen (Plastikgabeln immer in der Tasche haben). In den letzten Jahren sind die typischen gelben Metallstühle mit den zierlichen Beinen und den ausgestanzten Mustern immer mehr durch plumpe grüne Apparate mit breiter Sitzfläche ersetzt worden. Ihre Farbe beißt sich mit dem Grün der Magnolien. Die gelben Stühle sind Nostalgie und Rarität.
Die Wachen vorm Palais du Luxembourg, in dem der Senat untergebracht ist, haben immer Saison: sommers stehen sie stramm in praller Sonne, im Winter im Frost ohne Zähneklappern. Mal versuchen, mit ihnen ins Gespräch zu kommen! Oder sich einmischen in erhitzte Diskussionen der Kartenspieler im Luxembourg. Schachspielen ist hier Männersache. Selbst weibliches Erscheinen im „Publikum" kann das Grübeln der Spieler nicht unterbrechen. Spaß macht es auch, den Kindern beim Spielen zuzusehen. Am Palmenhaus gibt es ein abgegrenztes Kinderterrain. Dort kann man französische Erziehungsmethoden studieren, die sich in Einigem von den deutschen unterscheiden …
Ganz im Süden liegt der PARC DE MONTSOURIS:
Mit der RER fährt man bis zur Cité Universitaire. Der Park ist vor allem der Meteorologiestation wegen interessant, die in ihm untergebracht ist. Auf den Wiesen stehen für den Laien obskur anmutende Meßgeräte herum. Die Wege im Park sind ein Auf und Nieder zwischen Hügeln und abschüssigen Rasenflächen.
Einmal in der Cité Universitaire ausgestiegen, sollte man das gleichnamige Studentengebiet besichtigen. In einem sehr großen Park hat jedes Land ein Gebäude im charakteristischen Baustil. Die Griechen wohnen in einem Tempel mit antiken Säulen, im afrikanischen Haus hängen gigantische Wandteppiche in der Empfangshalle, das kanadische Haus ähnelt einer Blockhütte. Es ist kein Problem, in die Wohnheime hineinzugehen und mit den Studenten verschiedener Nationalitäten ins Gespräch zu kommen. Hier kann man auch vorübergehend wohnen!

Einfach im Foyer der einzelnen Häuser fragen.
Wer schon so tief im Süden von Paris ist, kann sich auch gleich das ‹Reservoir de la Vanne› ansehen. Es handelt sich dabei um ein Wasserreservoir mit Jugenstilpavillons. Vom Parc Montsouris aus ist es zu erreichen über die Rue St. Yves.
Repräsentativ für den Osten der Stadt sind die BUTTES CHAUMONT:
Es handelt sich um einen Landschaftspark mit vielen kleinen Hügeln, einem zentralen „Berg" mit Aussichtsturm, von dem aus lauter Brückchen sternförmig ins Grüne hineinführen. Disneyland von Belleville. Auch hier wird am Wochenende eifrig gejoggt.
Zu erwähnen sei der MONTMARTRE:
Besonders an der „Rückseite" der Butte finden sich lauter Oasen, die als grüne Quadrate im Stadtplan zu finden sind. Die Touristen dringen nicht in die ländlich anmutenden Sträßchen rund um die Place du Tertre, die ihr „Invasionsgebiet" bleibt.
Ziemlich ungepflegt präsentiert sich der JARDIN DES TUILERIES:
Trotzdem ist es noch immer einer der schönsten Spaziergänge von Paris, von der Place de la Concorde aus kommend, durch die Tuilerien auf den Louvre zuzugehen. Im Sommer hört man neben den Stimmen der „echten" Vögel auch das Surren von Plastikvögeln, die von schwarzen Händlern verkauft werden und oft für lustige Zwischenfälle sorgen, wenn sie aufgezogen und unkontrollierbar um die Touristen schwirren.
Eine den meisten unbekannte Oase ist der PARC DU PALAIS ROYAL: Ein versteckter Eingang öffnet sich zu diesem schön angelegten Garten, der umgeben von Palastmauern ein Ort der Ruhe im Herzen der Stadt ist. Das richtige für alle, die für eine kurze Weile vor Menschenmassen flüchten wollen.
Denselben Zweck erfüllen übrigens auch zwei kleine Plätze, die zudem dem Auge sehr viel Schönes bieten:
die PLACE DAUPHINE, zu der man über ein Seitensträßchen der Pont Neuf gelangt (hier gibt es wunderschöne Bäume, viele kleine Restaurants, Antiquariate etc.) und der SQUARE DE JEAN 23, der direkt hinter Notre-Dame gelegen ist.

PFERDERENNEN

Die Franzosen, ob reich oder arm, lieben Pferderennen und Pferdewetten. Die großen Rennen sind Ereignisse, zu denen sich ‹tout Paris› begibt. Neben dem sportlichen Interesse demonstriert man die Lust, besonders elegant gesehen zu werden: manche Dame trägt ein Couture-Modell.
Die wichtigsten Termine sind hier aufgelistet; für aktuelle Informationen wende man sich an eines der Pariser Fremdenverkehrsbüros.

Ende März/Anfang April	–	PRIX DU PRESIDENT DE LA REPUBLIQUE Hippodrôme d'Auteuil
Anfang Juni	–	PRIX DU JOCKEY CLUB Hippodrôme de Chantilly
Mitte Juni	–	PRIX DE DIANE HERMES Hippodrôme de Chantilly
	–	GRAND STEEPLE-CHASE DE PARIS Hippodrôme d'Auteuil
Ende Juni	–	GRAND PRIX DE PARIS Hippodrôme de Longchamp
Erster Sonntag im Oktober	–	PRIX DE L'ARC DE TRIOMPHE Hippodrôme de Longchamp
November	–	GRAND PRIX D'AUTOMNE Hippodrôme d'Auteuil

PIANO-BARS

LA CLOSERIE DES LILAS
171, bd. du Montparnasse
Hemingways Paris-Erinnerungen spielen sich zu großen Teilen darin ab, er schrieb, las, diskutierte hier. Ob der von ihm beschriebene Charme des Lokals noch erhalten ist, sollte man selbst testen. Auf jeden Fall gibts Jazzpiano von 21.00 bis 1.00 Uhr.

LE FURSTEMBERG
25, rue de Buci
Auf abgewetzten Lederbänken und einigermaßen dichtgedrängt lauscht man beim Cocktail der Musik des André Persiani-Trios. Man sollte gegen 21.30 Uhr dasein, um noch einen Platz zu ergattern. Das Trio beginnt um 22.00 Uhr.

LE PIGEON BLEU
68, rue Mazarine
Hier fängt das Piano schon um 19.00 Uhr zu klingen an, man kann dort also den Abend beginnen, um ihn später woanders in St. Germain-des-Prés fortzusetzen.

LES TROIS MAILLETZ
56, rue Galande
Schon legendär!

POESIE

Wer sich für Lyrik aus aller Welt interessiert, findet in Paris ein ganz außergewöhnliches Forum, in dem er Gleichgesinnte treffen und sehr viel mit Lyrik zu tun haben kann. In der MAISON DE LA POESIE finden regelmäßig Lesungen mit Diskussionen statt, die auch unbekannte Autoren aus sehr fernen Ländern oder Poesie in seltenen Sprachen vorstellen. Man bezahlt als Student einen Eintritt von FF 10,– bis 25,–, die normalen Plätze können allerdings bis zu FF 50,– kosten.

MAISON DE LA POESIE
Terrasse des Forum des Halles 101, Rue Rambuteau
Tel. 42 36 27 53 Öffnungszeiten: täglich 12.00 – 18.00 Uhr

POSTER

Kinoplakate, Starfotos und Postkarten aus aller Welt und in unglaublichen Mengen zu akzeptablen Preisen gibt es bei

- UNE IMAGE EN PLUS 8, rue Faubourg Montmartre
  Öffnungszeiten: täglich von 10.00 – 24.00 Uhr
- LA BANQUE DE L'IMAGE 8, rue de la Cossonnerie (Forum des Halles)
  Öffnungszeiten: täglich von 10.00 – 20.00 Uhr

Kunstplakate bietet die Galerie

- ARTICURIAL 9, avenue Matignon
  in großen Mengen an.

RADIO

Wenn man in Paris das Programm eines einzigen Senders „reinbekommen" will, muß man schon die Antenne einfahren, so viele private Sender gibt es inzwischen, die sich gegenseitig die Frequenzen streitig machen. Fast jede gesellschaftliche Minderheit hat ihren Sender, wodurch so etwas wie die vielzitierte Ausgewogenheit schon wieder gewährleistet ist.

Die Pariser Jugend lauscht dem Non-Stop Rock- und Popprogramm von ‹Radio Energy› oder ‹Quatre-vingt-quinze-deux (kurz 95.2)›, wo jedoch Nachrichten und Informationen entschieden zu kurz kommen.
Deshalb hier eine Liste mit einigen interessanten Sendern:

87.8 MHz.	FRANCE INTER Rund um die Uhr Musik, Kultur, Nachrichten; für alle, die sich in puncto Sprache „bilden" wollen.
91.7 MHz.	RADIO 7 Für Jugendliche; Musik, Sport, Aktuelles.
93.3 MHz.	FRANCE CULTURE Ein Sender, wie er so in Deutschland nicht existiert. Von 6.00 bis 24.00 Uhr Vorträge, Gespräche, Interviews zu allen Bereichen aus Kunst und Wissenschaft. Viele bekannte Persönlichkeiten. Hochinteressant.
97.2 MHz.	RADIO ARK EN CIEL Spezialsender für Kunst und Theater. FREQUENCE GAIE Wie der Name schon sagt: der Schwulensender.
97.6 MHz.	FRANCE MUSIQUE 24 Stunden täglich Klassik und Jazz.
100.2 MHz.	RADIO NOTRE-DAME Der Sender der christlichen Kirchen.
103.9 MHz.	RADIO MONTMARTRE Der Spezialist für französische Chansons.

TIP: für alle, die gut Französisch sprechen und an gesellschaftlichen Spannungsfeldern interessiert sind, sind die Sender der Einwanderer (z.B. aus Afrika, dem Maghreb usw.) wärmstens zu empfehlen.

RUNDFLÜGE

Wer sich auf allen Aussichtspunkten der Erde noch zu nah fühlt, oder wem die Rundblicke nicht weit genug sind, der kann sich das (teure) Vergnügen gönnen, Paris mit dem Helikopter zu überfliegen. Wahlweise stehen Stadt-Rundflüge, Flüge nach Versailles oder richtige „Touren," beispielsweise zu den Loireschlössern, auf dem Programm.

Preise:	Paris — La Defense	etwa FF 170,–
	Paris + Versailles	etwa FF 350,–

- HELICAP — Tel. 45 57 75 51
- HELIPORT DE PARIS. HELIFRANCE. — Tel. 45 57 53 67
  4, av. de la Porte-de-Sèvres

RESTAURANTS – ESSEN BIS FF 50,–

ADRESSE	ARR.	ÖFFNUNGSZEITEN	PREISLAGE	SPEZIALITÄTEN
CAFETERIA ST. LAZARE 101, RUE ST. LAZARE	8.	TÄGLICH VON 11.00 – 21.00 UHR	MENU FF 20,– MITTAGS VOR 11.45 UHR UND NACH 13.30 Uhr FF 18,–	NICHTS TOLLES, ABER MAN WIRD SATT. MENU WECHSELT TÄGLICH.
CHARTIER 7, FBG. MONTMARTRE LE DROUOT 103, RUE RICHELIEU COMMERCE 51, RUE DU COMMERCE	9. 2. 15.	TÄGLICH VON 11.00 – 15.00 UHR UND 18.00 – 21.30 UHR	A LA CARTE HAUPTGERICHTE ETWA FF 17,– bis 23,–	TYPISCH FRANZÖSISCHES DURCHSCHNITTSESSEN.
CASA MIGUEL 48, RUE ST. GEORGES	9.	TÄGLICH AUSSER SONNTAG ABEND	UNGLAUBLICH ABER WAHR: MENU FF 5,– ZUSATZWÜNSCHE FF 1,50	DIE PAELLA IST MEHR ALS DEN PREIS WERT.
LA NOUVELLE GARE 49, BOULEVARD VINCENT-AURIOL	13.	AUCH SPÄT ABENDS NOCH OFFEN	HAUPTGERICHT + GETRÄNK ETWA FF 40,–	ITALIENISCHE SPEZIALITÄTEN
L'INCROYABLE 26, RUE DE RICHELIEU	1.	MITTAGS UND ABENDS VON 18 – 20 UHR. SAMSTAG SONNTAG, MONTAG ABEND GESCHLOSSEN.	MENU ETWA FF 36,–	GUTE HAUSMANNSKOST
RESTAURANT DES BEAUX ARTS 11, RUE BONAPARTE	6.	TÄGLICH VON 12.00 – 23.00 UHR	MENU ETWA FF 40,–	AUCH HIER VOLKSTÜMLICHES UND REICHLICHES ESSEN
TABLE D'ITALIE 5, RUE FERDINAND DUVAL	4.	9.00 – 20.00 Uhr	SEHR BILLIG	PIZZA UND NUDELN, KÄSE, WURSTSPEZIALITÄTEN

RESTAURANTS FÜR FEINSCHMECKER

ADRESSE	ARR.	ÖFFNUNGSZEITEN	PREISLAGE	SPEZIALITÄTEN
A LA GALOCHE D'AURILLAC 41, RUE DE LA LAPPE	11.	DIENSTAG BIS SAMSTAG 10.00 – 24.00 UHR	FF 100,–	HERVORRAGENDES ESSEN AUS DER AUVERGNE.
CREPERIE ST. DIDIER 37, RUE ST. DIDIER	16.	TÄGLICH 11.00 – 19.00 UHR SONNTAG GESCHLOSSEN!		EINE FÜLLE VON CREPES, DAZU CIDRE.
COOKIE CONNECTION 33, RUE DE RIVOLI	4.	11.00 – 19.00 UHR		
LA CRIEE 15, RUE LAGRANGE	5.	MITTAGS UND ABENDS BIS 1.00 UHR	MENU ETWA FF 60,–	SEHR GUTE FISCHGERICHTE
LA RHUMERIE 166, BD. ST. GERMAIN	6.	15.00 – 3.00 UHR	ETWA FF 80,–	PASTETEN, SUPPEN, SALATE UND VIEL SÜSSES.
LE GRENIER DE NOTRE-DAME 18, RUE DE LA BUCHERIE	5.	TÄGLICH 12.00 – 14.30 UHR UND 19.00 – 22.30 UHR FREIT., SAMST. BIS 23 UHR	MENU ETWA FF 40,–	VEGETARISCHE KOST
LE JARDIN 100, RUE DU BAC	7.	TÄGLICH BIS 22.30 UHR SONNTAG GESCHLOSSEN!		VEGETARISCHE KOST
AU GRAIN DE FOLIE 24, RUE DE LA VIEUVILLE	18.	TÄGLICH BIS 22.30 UHR MITTWOCH GESCHLOSSEN!	AB FF 50,–	VEGETARISCHE KOST

GENERELLER TIP: DIE CHINESISCHEN RESTAURANTS IN DER RUE MOUFFETARD UND UM DIE PLACE MAUBERT SIND SEHR EMPFEHLENSWERT. MENUS KOSTEN ETWA FF 40,–

SCHALLPLATTEN

- FNAC FORUM
  Forum des Halles

  Große Auswahl an Klassik, Rock und internationaler Folklore (Vieles bekommt man in Deutschland gar nicht). Das Personal in der Jazzabteilung ist ein echter Hit.

- LES MONDES DU JAZZ
  2, rue de la Petite Truanderie

  Wie der Name schon sagt: Jazz ist hier großgeschrieben.

- PARIS MUSIQUE
  10, bd. St. Michel
  9, bd. Montmartre

  Zwei Superadressen: hier gibt es Jazz, Klassik und Rock zu Sonderpreisen, und zwar nicht nur alte, uninteressante „Schinken." Die Kassenzettel sammeln, denn bei Käufen von mehr als FF 600,– innerhalb eines Jahres bekommt man beim nächsten Kauf noch einmal 5% Rabatt.

SOUVENIRS

Der neueste Hit unter den Touristen sind Papierbausätze der berühmtesten Pariser Bauwerke, angefangen von Notre-Dame bis zum Eiffelturm. Es gibt sie winzig auf Postkarten, in einigen Zwischengrößen und schließlich in riesigen Kästen, die es dem Tüftler erlauben, wirklich jede Einzelheit des Originals an seinem Modell anzubringen.

Nicht lange suchen braucht man nach einem zweiten Souvenir, das jedem sozusagen in die Hand fällt. 1985 wurden in Frankreich neue 10-Francs-Stücke geprägt, die Victor Hugo und Notre-Dame zeigen. Noch glänzen sie kupfern und sehen sehr edel aus. Nichts leichter, als einfach eins aufzuheben, entweder für sich selbst oder für den Literaturfreund zu Hause.

SPORT

Nicht erst wenn in Paris tatsächlich die olympischen Spiele in einigen Jahren stattfinden sollten, wird die Stadt für Sportfans attraktiv werden: regelmäßig finden hier Wettkämpfe statt, die nicht nur die Einheimischen und die Franzosen in Atem halten, das Auge der Welt richtet sich auf sie.

Februar	Rugbyturnier der Fünf Nationen Parc des Princes (Porte de St. Cloud)
Ende März	Finale des Rugbyturniers Parc des Princes
April/Mai	Endspiel der französischen Fußballbundesliga Parc des Princes
Mai	Marathon International de Paris Tausende von Amateurläufern begeben sich jährlich auf die Strecke; jeder, der durchhalten kann, darf mitmachen. Start und Ziel: Avenue Foch.
	Internationales Tennisturnier Stadion Roland Garros 2, avenue Gordon Bennett. Um diese Matchs am Fernsehen oder live zu verfolgen, melden sich selbst beflissendste Angestellte krank.
Juli	Ankunft der Radrennfahrer der Tour de France auf den Champs-Elysées.

TAXI

In Paris ist Taxifahren wesentlich billiger als in Deutschland; deshalb kann man sich nachts oder wenn man mit viel Gepäck beladen ist, ruhig mal einen Wagen leisten.
Auf der Straße winkt man den vorbeifahrenden Taxen einfach zu; wenn auf ihrem Dach ein Lämpchen aufleuchtet, sind sie frei. Ansonsten gibt es in allen Quartiers Taxistationen, an denen in der Regel immer einige Wagen zu finden sind. Eine Übersicht über alle Stationen erhält man bei den Fremdenverkehrsbüros.
Möchte man per Telefon ein Funktaxi rufen, kann man verschiedene Nummern anwählen. Hier die wichtigsten:

G7 RADIO	47 39 33 33
ALLO TAXI	42 03 99 99 42 00 67 89 42 05 77 77
ALPHA TAXI	47 57 86 52

THEATER

Paris ist seit jeder eine Theaterstadt, doch haben sich gerade in den letzten Jahren hier einige Regisseure und Theaterleiter niedergelassen, die ein besonderes internationales Interesse für ihre avantgardistischen Produktionen geweckt haben.
Paris wird heute vielfach als Hauptstadt der europäischen Theaterszene bezeichnet und tatsächlich: man spürt, daß sich vielerorts was tut, daß hier Neues und Aufregendes geboten wird.
Im Rahmen dieses Reiseführers sollen unter den unzähligen Adressen von Theatern nur die erwähnt und kommentiert werden, die ganz speziell zu empfehlen sind. Eine vollständige Liste aller Pariser Theater enthält jede Woche das Pariscope und der Officiel des Spectacles, die auch über die gerade laufenden Stücke informieren.

THEATRE DU ROND-POINT
av. Franklin-Roosevelt
Tel. 42 56 70 80
Kartenbestellung: täglich von 11.00 – 18.00 Uhr

Jean-Louis Barrault (wer kennt ihn nicht aus dem Kultfilm „Die Kinder des Olymp") garantiert in seinem eigenen Theater zusammen mit seiner Truppe für hervorragende, manchmal recht eigenwillige und immer sehr beglückende Aufführungen, in denen manchmal sogar noch die große Schauspielerin und Barraults Lebensgefährtin Madeleine Renaud zu sehen ist. Barraults Geist spiegelt sich im Ambiente des Theaters wieder, so auch im Foyer, das mit Puppen, Masken, Malereien und allerlei Kuriositäten wie zum Beispiel Barraults altem Fahrrad dekoriert ist und mittags und abends als Restaurant genutzt wird. Man ißt hier sehr gut, aber leider sehr teuer. Trotzdem lohnt sich die Investition von einigen Francs für ein Glas Wein nach der Vorstellung, denn auch die Schauspieler treffen sich hier an der Theke, um ihren Durst zu löschen. Studenten bekommen die sonst sehr teuren Eintrittskarten zum halben Preis, wenn sie sich eine Stunde vor Beginn der Vorstellung an der Abendkasse einfinden. Noch eine Empfehlung: die Programmhefte zu den einzelnen Stücken sind sehr gut gemacht und lohnen den Kauf. Barrault schreibt darin gelegentlich unveröffentlichte Gedanken nieder, die ganz interessant sind. Aber man muß gut Französisch können, um die Beiträge zu verstehen. Fotos gibt es keine.

THEATRE DE L'EUROPE
im Odéon Théâtre National
1, Place Paul Claudel
Tel. 43 25 70 32

Seit Giorgio Strehler die Leitung des Theaters am Odeonsplatz übernommen hat und es zum ‹Théâtre de l'Europe› machte, stehen die Leute wieder stundenlang Schlange, um Eintrittskarten zu den hochgelobten Aufführungen zu ergattern. Neben Strehler inszenieren Gastregisseure aus ganz Europa. Die Stücke, die gespielt werden, sind ebenfalls zum großen Teil importiert und teilweise in den Originalsprachen inszeniert. Da gibt es Strindberg auf Schwedisch, Volker Braun auf Deutsch usw.
Das Theater gibt gleichzeitig eine alle drei Monate erscheinende Zeitung mit gleichem Namen heraus, in der der Dialog unter den Theaterleuten verschiedener Länder weitergeführt werden soll. Jedes Heft ist in Englisch und Französisch geschrieben und kostet FF 80,–. Es kann auch in Deutschland abonniert werden.

CARTOUCHERIE – THEATRE DU SOLEIL
Route de la Pyramide
Vincennes (Métro Château de Vincennes;
anschließend Bus No. 112 bis zur Station Cartoucherie)
Tel. 43 74 24 08
Kartenbestellung: täglich von 11.00 – 17.00 Uhr

Ariane Mnouchkine hat hier mit ihren ungewöhnlichen Shakespeare-Insznierungen Furore gemacht. Sie setzt die Tradition fort und bleibt weiterhin spektakulär. Sehr oft werden auch ausgefallene Stücke oder Romanadaptionen gespielt. Der weite Weg lohnt sich; trotzdem versuchen, mit dem Auto hinzukommen.

BOUFFES DU NORD
37, bd. de la Chapelle
Tel. 42 39 34 50

Es reicht schon aus zu erwähnen, daß in diesem Theater Peter Brooks mit seiner Truppe residiert. Sein Name wurde von den Theaterkritikern in aller Welt so oft mit Bewunderung ausgesprochen oder niedergeschrieben, das er für Theaterfreunde allein schon als Gütesiegel genügt. Eine Aufführung hier darf man nicht versäumen.

THEATRE DES AMANDIERS
7, av. Pablo-Picasso
92 000 Nanterre
(RER bis Nanterre Université, dann bringt ein eigener Busservice die Zuschauer zum Theater)
Tel. 47 21 18 81

Dieses moderne Theater ist im Grunde ein Kulturzentrum. Es gibt ein Restaurant und einen Theaterbuchladen mit umwerfendem Sortiment. Deshalb sollte man ruhig ein wenig früher herausfahren und sich umschauen.

Patrice Chéreau, der ebenfalls nur gute Kritiken einheimsende Chef des Hauses, inszeniert vor allem ganz neue Stücke von Autoren aus aller Welt. Die Stars unter den französischen Schauspielern sind hier zu sehen.

BOUFFES PARISIENNES
4, rue Monsigny
Tel. 42 96 60 24
Kartenbestellung: täglich von 11.00 – 19.00 Uhr

Ein Tip für alle, die mal Pause vom „ernsten" Theater machen wollen und Spaß an Boulevardkomödien haben. Für einen Abend, an dem man sich den Bauch vor Lachen hält, wird garantiert. Witz kombiniert mit schauspielerischer Qualität.

CONSERVATOIRE NATIONAL SUPERIEUR D'ART DRAMATIQUE
2, rue du Conservatoire
Tel. 42 46 12 91

Das Theater der Schauspielschule ist ein Geheimtip, weil die Aufführungen keinen Eintritt kosten. Die Aufführungen sollen die Schüler des Konservatoriums an das Auftreten vor Publikum gewöhnen. Natürlich muß man an die Qualität Abstriche machen, aber manche Inszenierungen sind interessant und auf jeden Fall sieht man klassische französische Stücke.

HUCHETTE
23, rue de la Huchette
Tel. 43 26 38 99
Kartenbestellung: täglich außer Sonntag von 17.00 – 22.00 Uhr

Ein Zimmertheater mit viel Charme, in dem man pro Abend bis zu drei kürzeren Stücken sehen kann. Ionesco wird hier scheinbar ewiglich und mit Erfolg gespielt.

THEATRE SUR 4
122, bd. Montparnasse
Tel. 43 27 09 16
Karten gibt es direkt an der Kasse.

Auch dies ein Zimmertheater, das aber progressive Stücke bringt. Nachmittags gibt es Aufführungen für Kinder, die sehr liebevoll gemacht sind.

GALERIE 55
The English Theatre of Paris
55, rue de Seine
Tel. 43 26 63 51
Kartenbestellung: täglich von 11.00 – 19.00 Uhr

Der Tip für alle, die sich mit Englisch doch leichter tun als mit Französisch.

THEATRE DE LA BASTILLE
76, rue de la Roquette
Tel. 43 57 42 14

Dieses kleine Theater ist sehr kreativ. Entweder es stellt völlig unbekannte, aber spannende Stücke vor, oder es überrascht durch originelle Inszenierungsideen für Altbekanntes.

Zuletzt noch ein paar Sätze zur
COMEDIE FRANCAISE
2, rue de Richelieu
Tel. 42 96 10 20

Das Theater ist seit Jahrhunderten bekannt als *die* Spielstätte der großen französischen Autoren. Deshalb wird es auch immer wieder von Touristen aufgesucht. Hier soll vorsichtig erwähnt werden, daß man dieses „Muß", hierher zu kommen, ruhig zu einem „Na ja, ich könnte ja mal..." abschwächen sollte.
Das was hier geboten wird ist gut, jedoch nur deshalb, weil es den seit Aristoteles bestehenden Wertmaßstäben entspricht, die in die Doktrin des klassischen Theaters eingegangen sind. Man fühlt sich in frühere Jahrhunderte versetzt und muß eine besondere Vorliebe für klassische Verse mitbringen, um sie stundenlang und so monoton wie möglich vorgetragen, auszuhalten. Wer das trotzdem einmal sehen will, sollte unbedingt einen guten Platz nehmen; von den hinteren Reihen der Ränge aus sieht man teilweise gar nichts.

Ein Tip für Kurzentschlossene:
im KIOSQUE THEATRE
15, place de la Madeleine

gibt es Theaterkarten für den jeweiligen Abend zum halben Preis zu kaufen. Der Kiosk hat von 12.30 – 19.30 Uhr geöffnet.

TRANSALPINO – REISEBÜROS

- 14/16 rue la Fayette
  75 009 Paris — Tel. 48 24 29 29
- 36 bis, rue de Dunkerque
  75 010 Paris — Tel. 42 81 26 11
- 137, rue de Rennes
  75 006 Paris — Tel. 45 48 67 56

VERANSTALTUNGSKALENDER

Alles, was in Paris innerhalb einer Woche passiert, steht in den beiden Veranstaltungskalendern PARISCOPE und OFFICIEL DES SPECTACLES, die jeden Mittwoch neu herauskommen.
Das PARISCOPE kostet FF 3,–, der OFFICIEL nur FF 2,–.
Beide sind im Grunde gleich gut, nur daß das PARISCOPE etwas luxuriöser und übersichtlicher gestaltet ist. Die Hefte kann man an allen Zeitungskiosken bekommen. Sie sind wirklich unentbehrlich.
Nur ein Tip: die dort verzeichneten Restaurants erst auf die Preise hin untersuchen!

VERSAILLES

Louis XIV. gab 1661 den Auftrag zur Umgestaltung des bisher von Louis XIII. genutzten Jagdschlösschens von Versailles. Es dauerte etliche Jahrzehnte, bis des „Sonnenkönigs" eigene Planungen unter der Leitung der großen Architekten Le Vau, Hardouin-Mansart und de Cotte (Hofkirche) verwirklicht waren.
Die Anlage, die Residenzschloß, Schloßgarten und die Stadt umfaßt, bildet ein einzigartiges gelungenes Beispiel von ideellem und künstlerischem Zusammenhang. Die von Le Notre entworfene, überaus reizvolle Gartenanlage fügt sich dem ganzen Komplex angemessen und in harmonischer Vollendung an.
Besonders zur Sommerzeit, wenn die Säle und Gemächer des Schlosses aufgrund der Besuchermassen nicht mehr in Ruhe genossen werden können, bietet der Park dem Besucher mit seinen weitläufigen Alleen, lauschigen Waldpfaden, schattenspendenden Bäumen und tausenden von Blumen wahrhaft königliche Mußestunden.
Überall stößt man dabei auf das Element, das die strenge Symmetrie vielfältig belebt: das Wasser. Ob ruhig und flächig in den künstlich angelegten Seen, ob schäumend und plätschernd in den Brunnen – immer wieder hat sich Le Notre eine neue Spielart einfallen lassen.
In der Nähe des Neptun-Brunnens oder in einer anderen stillen Ecke kann man sich fern der belebten Promenaden ausruhen und die mitgebrachte Brotzeit genüßlich verzehren.
Zum organisierten (und kostspieligen) Amusements warten unten am „Großen Kanal" kleine Boote, mit denen man das Ausmaß dieses Teiches abrudern kann. Auch stehen Pferdekutschen bereit, die einen im flotten Trab und auf Umwegen zum rosafarbenen Lustschloß ‹Grand Trianon› fahren, das am Ende des rechten Querkanals 1685 errichtet wurde.
Am allerschönsten ist es jedoch, zu Fuß die vielen Wege kreuz und quer durch den Park mit seinen wechselnden Perspektiven zu entdecken. Wem es beliebt, der kann sich übrigens auch ein Velo mieten.

Beliebtes Ausflugsziel ist beispielsweise das sogenannte „Modelldorf," das nahe dem ‹Petit Trianon›, dem zweiten, 1763 – 67 entstandenen Lustschloß, gelegen ist. Louis XIV. ließ es für seine Frau Marie Antoinette bauen; hier spielte sie „Dorfleben."
Beschwingt fährt man nach diesem Ausflug ins kultivierte Grün, für den man sich am besten einen ganzen Nachmittag Zeit nimmt, zurück nach Paris.

CHATEAU DE VERSAILLES
7800 Versailles Tel. 9 50 58 32

Öffnungszeiten für Schloß und Museum:
Täglich außer Montag und an Feiertagen 9,45 – 17.30 Uhr (aktuelle Zeiten im Pariscope unter ‹Musées en Ile-de-France› nachsehen.)

Wasserspiele an den Brunnen des Parks von Mai bis September zweimal monatlich.
Auskünfte im Fremdenverkehrsbüro, Adresse siehe unter der entsprechenden Rubrik.

Nach Versailles kommt man mit dem RER Linie C7, Station ‹Versailles-Chartiers›.

WARNUNGEN

Es gibt ein paar Dinge, die man wissen muß, bevor man nach Paris fährt, um sich möglichen Ärger zu ersparen.

1. ACHTUNG AUTOFAHRER!

   In Paris wird sehr viel eingebrochen, besonders in Autos mit ausländischem Kennzeichen. Nur so zum Zeitvertreib schlagen manche Autoscheiben ein, auch bei wenig feudalen Gefährten. Auf jeden Fall sollte man alles ausladen und das Autoradio ausbauen, vielleicht sogar die Türen offenlassen. Läßt man das Auto länger stehen, sucht man am besten einen Parkplatz an immer belebten Orten oder in der Nähe einer Polizeistation.

2. ACHTUNG ZUGFAHRER!

   Ankommende Fernzüge an der Gare du Nord oder an der Gare de l'Est abzuwarten und müde und bepackte Touristen zu beklauen, ist inzwischen zu einer Profession geworden. Großgeld und Ausweise immer am Körper tragen, (niemals in die Gesäßtasche der Jeans stecken!), Kleingeld, zum Beispiel für die erste Métrokarte griffbereit halten. Auf jedes Gepäckstück, besonders auch Fototaschen, aufpassen wie ein Schießhund!

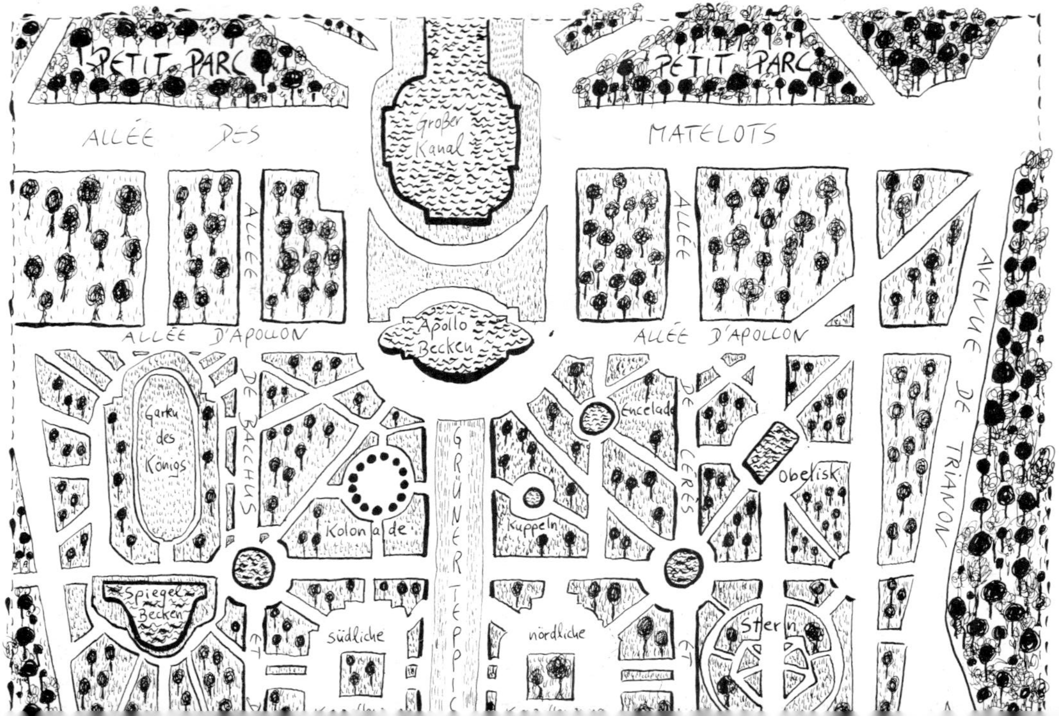

PETIT PARC
PETIT PARC
ALLÉE DES MATELOTS
Großer Kanal
ALLÉE D'APOLLON
ALLÉE D'APOLLON
Apollo Becken
Garten des Königs
DE BACCHUS
Kolonade
GRÜNER TEPPIC
Kuppeln
Enceladus
DE CÉRÈS
Obelisk
AVENUE DE TRIANON
Spiegel Becken
südliche
nördliche
Stern

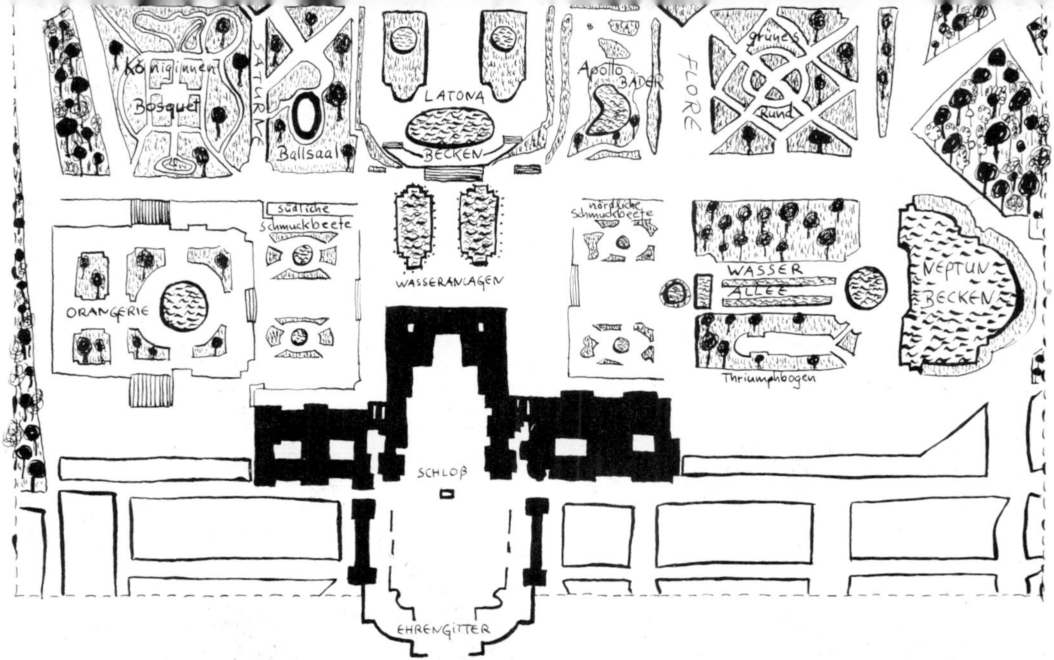

VERSAILLES – Die Gärten

3. ACHTUNG METROFAHRER!

Wie oft steht man in der Métro eingekeilt zwischen vielen Menschen. Da ist es ein Leichtes, unauffällig in fremde Taschen zu greifen. Frauen sollten nur gut verschließbare Handtaschen tragen und sie möglichst unter dem Arm halten.

4. ACHTUNG FRAUEN!

Straßen wie der Boulevard Barbès und die Rue St. Denis sind nachts für unbegleitete und vor allem junge Frauen wirklich gefährlich.

5. ACHTUNG NACHTSCHWÄRMER!

Eine RER-Station, die es abends und nachts unbedingt zu meiden gilt ist der Gare de Lyon. Die Leute, die sich hier herumtreiben, sind meistens Drogendealer. Unheimlich sind auch die Stationen, an denen man endlose Gänge passieren muß, beispielsweise Nation oder Montparnasse-Bienvenüe.
Relativ sicher: Châtelet-les-Halles.

Hinweis für alle: wer chic angezogen durch populäre Viertel schlendert, ist selbst daran schuld. Man bedenke, daß selbst der ärmste deutsche Tourist für Viele, die in Frankreich leben, reich ist!

WEIHNACHTEN

Im Dezember eines jeden Jahres verändert Paris für sechs Wochen sein Aussehen. Die großen Boulevards werden mit Lichterketten und künstlich verschneiten Tannenbäumen geschmückt, die großen Kaufhäuser dekorieren die Fenster mit Märchenszenen, die wirklich sehenswert sind. Auf großen ansprechenden Plakaten wünscht der Bürgermeister der Stadt (zur Zeit heißt er Jacques Chirac) ein frohes neues Jahr, „weil es immer eine Wahl zu gewinnen gibt" meinen Einheimische lakonisch dazu, aber das braucht den Touristen ja nicht zu interessieren.
Man sollte besonders am späten Nachmittag und natürlich nachts spazierengehen und die glitzernden Lichter bewundern, damit der ganze verbrauchte elektrische Strom wenigstens dem ästhetischen Vergnügen dient. Am schönsten ist es auf den Champs-Elysées, in der Avenue Montaigne und im Tuilerien-Garten, wo ein Rummel nicht nur Kinder anlockt.

WOHNUNGSSUCHE

Sucht man eine Wohnung in Paris, können Kleinanzeigen von Privatleuten oft hilfreicher sein als die Annoncen in den großen Tageszeitungen. Studenten, die längere Zeit in Paris bleiben wollen, sollten sich in jedem Fall einen Brief von den Eltern mitgeben

lassen, in dem steht, daß die Miete garantiert bezahlt wird, sonst haben sie keine Chance.
Schwarze Bretter mit vielen guten Angeboten hängen an folgenden Orten:

SHAKESPEARE AND COMPANY
37, rue de la Bûcherie
Oft bieten Amerikaner ihre Wohnungen für die Ferienfreizeit an; langfristige Mietangebote sind selten. Eigene Aushänge sollte man auffällig gestalten, da sie sonst in der Masse der angehefteten Zettel untergehen. Englisch und Französisch schreiben.

AMERICAN CHURCH
65, quai d'Orsay

EGLISE AMERICAINE
23, av. George V.

CALLIGRAMMES
82, rue de Rennes
Gute Chancen vor allem für Deutsche, die für eine gewisse Zeit bei einer Familie leben wollen.

Weitere nützliche Stellen, bei denen einem weitergeholfen wird:

GOETHE-INSTITUT
17, av. d'Iéna

DEUTSCHER AKADEMISCHER AUSTAUSCHDIENST (DAAD)
15, rue de Verneuil

CENTRE D'INFORMATION ET DE DOCUMENTATION
20, rue de Verneuil

Hier liegen keine Wohnungsangebote aus, man bekommt jedoch Tips, wo man sich weiter informieren kann. Es gibt sehr informative Blätter, die beispielsweise darauf hinweisen, in welchen Zeitungen günstige Wohnungsanzeigen zu finden sind, an welchen Tagen diese erscheinen, wo sie schon verfrüht zu kaufen sind usw.
Der Centre ist nur wochentags von 10.00 – 13.00 Uhr geöffnet.
In verstärktem Maße bieten neuerdings auch Supermärkte Flächen für Wohnungsanzeigen an. Es lohnt, auch darauf mal einen Blick zu werfen.
Letzte Möglichkeit: das französische Studentenwerk CROUS, 39, av. Georges Bernanos, hängt täglich eine Liste mit Wohnungsanzeigen aus. Sehr frequentiert!

Noch ein Hinweis, der traurig stimmt, aber eine unabänderliche Realität bezeichnet: von einer eigenen Wohnung in Paris kann man wegen der teuren Mieten nur träumen; schon für ein mäßiges Zimmer muß man mit FF 1000,– rechnen. Illusionen über billigeres Wohnen kann man sich aus dem Kopf schlagen. Vielleicht hat man Glück und ergattert eines der sogenannten ‹Chambres de bonne› (hier haben früher die Dienstmädchen der reichen Familien gewohnt), die sich in den Luxushäusern des 16. Arrondissements unter den Dächern befinden. Viele Familien vermieten sie heute an Studenten, meist gegen leichte Hausarbeit. Aber vorsichtig: nicht ausnutzen lassen!

ZEITSCHRIFTEN

Nur wer wirklich gut Französisch kann, wird die sprachlich ausgefeilten Artikel der beiden großen Tageszeitungen LE MONDE (linksgerichtet) und LE FIGARO (konservativ) verstehen können. Beide Zeitungen bieten jedoch auch ein umfangreiches, aktuelles Veranstaltungsprogramm, das man in jedem Fall konsultieren kann.
Die beste Wochenzeitschrift ist der NOUVEL OBSERVATEUR (auch links); neben Politik und Gesellschaft gibt es sehr viele und interessante Artikel zur Kultur (Theater, Musik, Literatur, Bildende Künste, Kino usw.). Auch hier werden gute Veranstaltungen (z. B. auch Jazzkonzerte) angekündigt.
Ein hervorragendes Stadtmagazin im Riesenformat ist die englischsprachige Monatszeitschrift PASSION (FF 25,–).
Kunstzeitschriften gibt es eine ganze Reihe. EIGHTY stellt alle zwei Monate einen zeitgenössischen französischen Künstler vor; sehr gute Reproduktionen und wenig Text bestimmen den Inhalt (etwa FF 70,–). Auch das MAGAZINE BEAUX ARTS erscheint zweimonatig, meist interessante Artikel zu gerade laufenden Pariser Ausstellungen (FF 29,–). GALERIES MAGAZINE widmet sich dem Kunsthandel, MANI- FESTE der Skulptur und Plastik (monatlich, FF 20,–).
Lustig ist das CAFE-CREME, das sich für Kunst, Literatur und Lebens-Art zuständig fühlt. (FF 32,–).
Unter den Literaturzeitschriften die progressivste ist LES NOUVEAUX LITTERAIRES, die monatlich für FF 30,– zu haben ist. Ein gutes Blatt für Musikfreunde: LE MONDE DE LA MUSIQUE. Und natürlich sind die französischen Jazz-Zeitungen viel besser als die deutschen!
Ein „Muß" für Freunde der Satire, die auch noch gut Französisch sprechen: LE CANARD ENCHAINE.
Alles weitere suche man am Zeitungsstand am besten selbst heraus!